LE LIBÉRALISME
POUR LE XXIᵉ SIÈCLE

MICHEL MONIER

LE LIBÉRALISME POUR LE XXIe SIÈCLE

ESSAI CRITIQUE DU NÉOLIBÉRALISME

« *Adam Smith se situe, dans tous les cas de conflits d'intérêts entre les pauvres et les riches, entre les forts et les faibles, sans exception du côté de ces derniers.* »

Carl Menger.

« *L'homme vivant dans la société et ne pouvant vivre sans elle, est à toute heure un débiteur envers elle. Là est la base de ses devoirs, la charge de sa liberté.* »

Léon Bourgeois, prix Nobel de la paix, 1920.

« *L'idéal socialiste consiste à s'intéresser à l'équité de la redistribution des richesses, tandis que les libéraux véritables se préoccupent de l'efficacité de la production de cette même richesse. Ils constituent à mes yeux deux aspects complémentaires d'une même doctrine.* »

Maurice Allais, prix Nobel d'économie, 1988.

QUAND ADAM SMITH S'INVITE
AU DÉBAT

Accroissement de la pauvreté, chômage de masse et tra-vailleurs pauvres, endettement public, modèle social en panne, transition écologique, économie numérique, nouvelles formes d'emploi... Voilà bien les constats et les cris, plus ou moins documentés et argumentés, qui font critiquer comme un tout indifférencié le capitalisme, le libéralisme, le néolibéralisme. Voilà les constats et les cris qui, dans le même mouvement, dénoncent les défail-lances ou insuffisances de l'action publique. La croissance par le progrès tout autant que l'État, que l'on voudrait en-core Providence, sont mis en accusation : ils ne tiennent, ni l'un ni l'autre, la promesse de ne laisser personne au bord de la route. Après l'accusation, la sentence vient : il faut davantage d'État et s'affranchir du marché ! Le débat s'emballe.

Un autre modèle économique doit s'imposer, qui ne soit plus celui de la consommation de masse, qui soit respectueux et économe des ressources de la planète. Il faut que ce modèle d'une économie raisonnée, durable et soucieuse d'égalité, permette une juste répartition de la richesse... dont on ne dit pas qu'il faudra continuer de la créer. Un mot résume le tout : inclusif. La société, l'économie doivent être inclusives.

Voilà donc les enjeux qui s'imposent, voilà ce à quoi il faut urgemment répondre en veillant à garantir les droits individuels que les démocraties ont fait prospérer… jusqu'au point où ces droits de l'individu viennent, parfois, heurter le principe même de l'égalité des citoyens.

Dans ce mouvement de prise de conscience, une évidence s'affirme, celle qu'il faut abandonner le capitalisme, le libéralisme, le néolibéralisme, dont on ne sait plus ce qu'ils sont. Cette exigeante revendication est, à l'évidence, facile à affirmer, mais résoudre l'équation ainsi rapidement posée pour faire émerger une nouvelle économie vertueuse qui réponde à ces exigences n'est pas chose simple !

Les économistes, que l'on moque car, dès qu'ils sont deux ils émettent au moins trois opinions, s'affairent. Qu'ils soient atterrés, alter-éco, orthodoxes, hétérodoxes ou néo-orthodoxes, ils s'affairent. Pendant que certains remettent en cause des dogmes et en élaborent de nouveaux, d'autres exhument telle ou telle théorie, se raccrochent à l'histoire économique pour se rassurer et assurer que tout ira bien, qu'il ne s'agit là que d'une crise de laquelle l'économie de marché nous sortira confortés.

« Hum ! Il me semble, si je puis intervenir, que les économistes aujourd'hui s'affolent davantage qu'ils ne s'affairent ! Tous ces constats, ces cris me réveillent. Oui, moi,

QUAND ADAM SMITH S'INVITE AU DÉBAT

Adam Smith[1], j'entends tout cela. Moi, que l'on dit être le père du libéralisme, je me trouve ainsi mis en cause, mais bien maladroitement mis en cause ! Permettez donc que j'apporte ici quelques critiques à ce qui est un faux débat ! Ces constats qui font crier certains sont des évidences mais elles sont maladroitement exprimées. Les réponses que certains autres, qui se présentent comme des libéraux, veulent apporter à ces cris sont des bêtises ! Les premiers crient mais sans véritable analyse des causes de leurs cris ; il s'agit pour eux de rapidement mettre au panier ce qui, objectivement, a été porteur de progrès non pas seulement économique mais démocratique et social aussi. Les seconds, eux, argumentent en faisant prévaloir des principes dont ils ont oublié les fondements moraux qu'ils ont, parfois, foulés aux pieds. Ils ont fait du libéralisme une pratique dévoyée qui est la cause de ces excès.

Dénoncer ces excès néolibéraux ou tenter de les justifier en caricaturant encore ce qu'est le libéralisme, mon libéralisme, ne permet pas de trouver de possibles réponses pour corriger le "système". Il faut pour cela tout d'abord comprendre quelles en sont les causes. C'est pourquoi je m'invite au débat qui tel qu'il est posé est bien davantage un combat qui oppose des aveugles et des sourds !

Comment voulez-vous répondre à un vrai problème quand il est mal posé ? J'entends les contempteurs et les maladroits,

---

[1] Adam Smith (1723-1790) - *Théorie des sentiments moraux*, 1759 - *Recherche sur la nature et les causes de la richesse des nations*, 1776. Voir Portraits : Adam Smith : la trop visible main invisible.

défenseurs et je comprends que les uns et les autres font un amalgame, font un tout du capitalisme, du libéralisme, de son avatar néolibéral. Voilà bien une illustration de votre époque qui ne réfléchit plus mais dénonce, ou s'arc-boute, pensant ainsi favoriser l'action ! Oui, de quoi parlent-ils, de quoi parlez-vous, que voulez-vous abattre, que voulez-vous sauver ?

Crier et dessiner le rêve d'un monde plus égalitaire, soucieux de la préservation des ressources, refusant la croissance tout en affirmant, en même temps, vouloir mieux répartir les richesses voilà bien une curiosité. Ce n'est en rien, il s'en faut, une recherche, si vous m'autorisez la référence, sur la nature et les causes de la richesse des nations. N'est-ce pas à la création de richesses qu'il faut tout d'abord s'employer, avant de rêver à sa meilleure répartition ?

Quant à ceux qui s'évertuent à ressortir des théories, mal comprises comme l'est celle, par exemple, de la "destruction créatrice[2]" ils ne font qu'apporter de l'eau au moulin de ceux qui critiquent ! L'argument n'est pas entendable et montre combien, après m'avoir mal lu, ils ont mal lu aussi celui auquel ils pensent se référer en s'accrochant à sa destruction créatrice ! À l'évidence, ils n'ont pas compris que de destruction créatrice en destruction créatrice la mécanique qui s'installait était celle qui ne conduisait à rien moins que la disparition de l'entrepreneur et l'avènement d'un

---

[2] Joseph Aloïs Schumpeter (1883-1950) - *Nature et contenu principal de la théorie économique*, 1908 - *Capitalisme, socialisme et démocratie*, 1942. Voir « Portraits : J. A. Schumpeter, La route du socialisme. »

socialisme "terre à terre". Et c'est un libéral qui percevait là ce risque. Marx, faisant la même analyse, voyait, lui, ce risque comme une opportunité : par nature, le capitalisme accumulateur a socialisé le processus de création de la valeur et a conduit inévitablement à l'expropriation des capitalistes du processus de production[3].

Les débatteurs se débattent donc dans un débat mal posé et forcent ainsi l'incompréhension générale. Pour illustrer combien l'incompréhension est grande permettez que je cite votre président de la République "Cette économie de marché dans laquelle nous vivons est de moins en moins sociale [...] Quelque chose ne fonctionne plus dans le capitalisme". Il s'exprimait ainsi devant l'Organisation internationale du travail à l'occasion des 100 ans de cette noble et nécessaire institution (que l'on entend trop peu, à mon avis). Il y a tout dans cette déclaration : l'économie de marché, le "social" et le capitalisme. Je ne serais pas loin de partager la conclusion mais elle est erronée et donc insuffisante. Ce n'est pas, seulement, qu'il y a quelque chose qui ne fonctionne plus dans le capitalisme, c'est le capitalisme qui ne fonctionne pas ! Il y a là dans cette déclaration une erreur d'analyse ! Non, ce n'est pas l'économie de marché qui est cause d'inégalité sociale c'est votre capitalisme. C'est ce capitalisme perverti qui recourt chaque jour à l'État dont il attend des aides et subventions que vous avez la faiblesse coupable de nommer "incitations". Le constat que je fais

---

[3] « La bureaucratisation du monde », Denis Collin, in La Sociale-on line, le 26 février 2021. Bruno Rizzi (1901-1977), *La bureaucratisation du monde* - 1939.

est que ce qui ne fonctionne pas c'est le capitalisme administré.

Que ceux qui critiquent, autant que ceux qui veulent défendre commencent par me relire. Pour les uns et les autres l'observation des faits semble suffire pour attaquer ou défendre, et se poser en expert ! Pour proposer un autre monde ils oublient qu'il leur faut aussi comprendre comment et pourquoi les faits qu'ils observent sont advenus ! Qu'ils comprennent et sachent ce qu'ils veulent abattre ou défendre ! Qu'ils relisent ma Théorie des sentiments moraux *puis ma* Richesse des nations, *qu'ils les relisent comme un tout, car c'en est un. Ils retrouveront un principe qu'ils ont à l'évidence oublié. Ce principe est celui de la valeur-travail. L'économie de marché telle que je l'ai théorisée n'ignore ni la valeur-travail ni l'idée de justice. Le capitalisme accumulateur, lui, néglige la valeur travail au bénéfice de la recherche du profit. Et ce capitalisme-là a réussi le formidable coup de recourir à l'État pour faire taxer bien davantage le travail que le capital et le profit. Alors l'État s'emploie à redistribuer les prélèvements qu'il opère sur le travail pour compenser la faible rémunération du… travail ! Alors oui, c'est bien ce capitalisme-là qui "ne fonctionne pas" en venant forcer les Institutions à rendre subsidiaire la valeur-travail et en conséquence à privilégier la redistribution. C'est ce capitalisme-là qui fait prévaloir l'assistance sur la liberté. Il n'y a là rien que je reconnaisse comme un héritage ! L'État s'est fait Providence, il y a trouvé son compte, satisfaisant là sa préférence pour la centralisation étatique par le moyen de l'assistance ! Non, je ne trouve rien de smithien dans ce "modèle" !*

Si donc je reformulais la déclaration de votre président de la République je dirais "le capitalisme ne fonctionne plus, l'État ne fonctionne plus" et je conclurais "retrouvons les valeurs libérales" ! Puis, dans un ouvrage programmatique, je préciserais l'objectif à poursuivre en remettant au premier plan le travail (ne trouvez-vous pas que l'on vous berne, depuis des décennies, avec ce discours sur la valeur-travail quand les politiques publiques visent, en même temps, à en réduire le coup ?).

Pour autant qu'il soit mal posé, le débat est riche d'intérêt, il est nécessaire. Il l'est d'autant plus que hélas il n'est pas nouveau et n'a jamais été réellement conduit à son terme. Un de mes jeunes héritiers le posait déjà peu après la publication de ma Recherche sur la richesse des nations. Souvenez-vous de Sismondi[4] qui après avoir épousé mes idées fit ce que l'on a présenté comme une conversion lorsqu'il considéra que le marché exerçant une pression sur les coûts entraînait inévitablement la baisse des salaires jusqu'à un niveau inacceptable. Il révisait alors ses premiers principes d'économie politique. En publiant ses nouveaux principes il posait celui du recours à l'État et revendiquait un "pouvoir social" pour réguler ex ante le capitalisme et non pas pour, comme cela se pratique aujourd'hui, en corriger ex post les excès. Ce que l'on dit être l'abandon par Sismondi de mes principes qu'il avait jusqu'alors adoptés, sa « conver-

---

[4] Jean Charles Léonard Simonde de Sismondi (1773-1842) - *Économie politique*, 1815 - *Nouveaux principes d'économie politique, ou de la richesse dans ses rapports avec la population*, 1819. Voir « Portraits : Sismondi - Adam Smith et la machine à vapeur. »

sion », n'était-ce pas un approfondissement de certaines de mes idées ? N'était-ce pas le constat qui s'imposait au vu de la situation résultant de certains errements, déjà, d'un libéralisme mal compris, devenu capitaliste davantage que libéral, responsable de crises causant la misère ouvrière ? Sismondi disait ainsi, avec plus de voix que je n'en avais eu lorsque je l'écrivais, que "assurément, aucune société ne peut être florissante et heureuse si la partie de loin la plus grande de ses membres est pauvre et misérable".

Ah ! Si je pouvais participer à votre débat en publiant une édition mise à jour de ma Richesse des nations. Oui, c'est bien d'une mise à jour de cette théorie, de ces principes, dont votre monde a besoin. Évidemment, depuis 1776, bien des choses sont advenues. Le modèle néolibéral pour autant qu'il se soit construit pour être une troisième voie entre deux extrêmes totalitaires a conduit à ces excès qu'il faut aujourd'hui dénoncer. Il est vrai que la dérive néolibérale a été grandement facilitée par leurs adversaires les plus farouches, souvenez-vous : "Le résultat le plus durable de la révolution d'Octobre, dont l'objet était le renversement mondial du capitalisme, fut de sauver son adversaire, dans la guerre comme dans la paix, en l'incitant, par peur, après la seconde guerre mondiale, à se réformer[5]". La route était libre pour l'avatar néolibéral qui aura été fossoyeur du libéralisme des origines, fossoyeur de "mon" libéralisme, ce libéralisme qu'il faut aujourd'hui qualifier de raisonné au

---

[5] E-J. Hobsbawm (1917-2012) - *L'âge des extrêmes, histoire de ce court XXᵉ siècle* - Ed° Complexe, 1999.

regard des pratiques néolibérales qui prétendent s'en être inspirées.

Un dernier mot que j'adresse à tous les débatteurs mal instruits : me relire ne leur suffira pas. Le débat qu'ils portent aujourd'hui n'est pas nouveau alors, il faudrait aussi qu'ils consacrent du temps à s'instruire des débats et remises en cause de ma théorie qui ont alimenté la littérature. Pour qu'ils aillent à l'essentiel, je les oriente volontiers vers Menger[6]. Ils trouveront là, tant mes contempteurs que mes défenseurs, de quoi nuancer, pour les premiers leur attaque, et pour les seconds leurs références. Ceci fait c'est alors à front renversé qu'ils poseraient alors le débat.

Permettez que je conclue ici par une référence à ma "main invisible", ce concept si mal compris ; elle trouverait aujourd'hui une utilisation inattendue et salutaire... celle de la mettre dans la figure de ces débatteurs trop dogmatiques !

Eh bien, voilà une heureuse intervention inattendue ! Adam Smith qui vient, dès cette introduction, dire son avis, donner une leçon, se joignant à la critique de ces excès de, je le cite, « cet avatar néolibéral » et qui « gifle » dans un même mouvement ceux qui le critiquent et ceux qui croient défendre son libéralisme.

---

[6] Carl Menger (1840-1921) - *Principes d'économie politique*, 1871. Voir infra Chapitre 2-21 et « Portraits : Carl Menger. De l'inutilité du travail et de l'utilité de l'arbre ».

Une inattendue et heureuse intervention mais, que de regrets, aussi, de ne pouvoir bénéficier, aujourd'hui, d'une *Recherche sur la nature et les causes de la richesse des nations* qu'Adam Smith mettrait à jour. Une édition qui serait enrichie de sa compréhension de tout ce qui, depuis 1776, a fait le monde d'aujourd'hui ; sans aucun doute, il réaffirmerait les valeurs du libéralisme vrai, soucieux de justice, n'ignorant pas la part qui est due aux plus démunis ! Une nouvelle édition qui participerait à poser le vrai débat, après avoir débusqué les causes de ces pratiques néolibérales dévoyées et aveugles. Une nouvelle édition qui renverrait à leurs chères études nombreux de ceux qui persistent à se réclamer du libéralisme tout en forçant encore le trait néolibéral. Une édition mise à jour qui affirmerait à nouveau la force des sentiments moraux sans lesquels il n'y a pas de richesse des nations !

Laissons là ces regrets. Tentons de répondre aux remarques et à l'invitation du Maître pour poser le débat et défricher les voies d'un possible retour à la raison libérale.

Très cher Adam Smith, voilà une belle leçon, une sacrée leçon que vous donnez là. Elle invite à vous relire pour retrouver les fondements moraux du libéralisme des origines : je vais donc tenter cette aventure, ce cheminement. J'entends qu'il faut aussi, pour poser le débat qui une fois encore s'engage, démêler l'histoire de la pensée et des pratiques de cet avatar néolibéral pour comprendre la mécanique de ce glissement progressif qui a conduit de la morale libérale à ces excès qui l'ignorent. Je pense utile d'ajouter ensuite à cette histoire quelques-uns des faits exemplaires de ces excès qui font aujourd'hui l'actualité de la question. C'est à ce point qu'il serait précieux d'avoir de votre part une « nouvelle recherche sur la richesse des nations » pour éclairer la route qu'il faut emprunter afin de sortir de la double servitude que font peser le néolibéralisme et l'étatisation. En l'absence de vos lumières, il faudra alors me livrer à l'exercice de débusquer les bonnes intentions qui émergent, ces voix qui s'élèvent pour retrouver des sentiments moraux. Sous votre patronage et sollicitant votre bienveillance, et comme guidé par une… main invisible, c'est à cet objectif que cet essai s'attache. S'il s'agissait d'un cri ce serait « Reviens Adam, ils sont devenus fous ». Bien respectueusement à vous.

CHAPITRE 1

LES VALEURS MORALES ET SOCIALES DU LIBÉRALISME[7]

Le XVIIIe siècle est celui de l'opposition aux pouvoirs ; au pouvoir religieux, au pouvoir despotique qu'il fût ou non plus ou moins éclairé. Siècle des Lumières, le XVIIIe est le siècle des libéraux, philosophes d'abord, puis rapidement « politistes » avant de se faire économistes. Le libéralisme naît humaniste, il affirme le primat des libertés individuelles et du travail. Les Institutions, démocratiques, doivent être au service des libertés individuelles, le rôle qui leur est dévolu, qui leur est délégué, est de les garantir tout en assurant les secours aux plus démunis.

L'économie, agricole puis commerciale, s'est faite capitaliste puis financière. Cette évolution a permis des excès qui sont le résultat d'une lente dérive des principes théorisés par Smith. Aujourd'hui, ce sont ces principes smithiens qui sont mis en cause davantage que la pratique qui a conduit à s'en éloigner.

---

[7] Les citations sont extraites, sauf renvoi, de la *Théorie des sentiments moraux* et de la *Recherche sur la nature et les causes de la richesse des nation*s.

Les libéraux héritiers de Smith qui, au constat de ces excès, ont enrichi la théorie libérale en y apportant ce que Smith ne pouvait qu'ignorer, sont alors qualifiés de « convertis ». Ces conversions, celle de Sismondi celle aussi de John Stuart Mill, sont pour les anti-libéraux la démonstration de la voie sans issue à laquelle conduit le libéralisme aujourd'hui travesti par la pratique néolibérale. Ces « convertis » n'ont-ils pas œuvré pour faire évoluer la théorie libérale au regard des faits, pour l'enrichir, bien davantage que pour la saper ?

Le mouvement de civilisation, de socialisation des rapports humains, la marche légitime du progrès pour toujours plus de confort a conduit à l'exigence de l'individualisation, à la revendication de l'individu qui doit, aujourd'hui, prévaloir sur le citoyen. C'est là le résultat d'une formidable évolution dont on ne voit pas, ou dont on ne voit plus, qu'elle a été permise par le libéralisme qu'il soit politique, économique ou philosophique. Les valeurs morales et l'attention au « social » du libéralisme smithien ont été oubliées. La « dette sociale » de chacun est réputée soldée par l'État et l'individu, aujourd'hui, dénonce le libéralisme qui l'a fait exister. Il est urgent de retrouver ces valeurs et principes libéraux, non seulement pour éclairer le débat mal posé aujourd'hui, mais pour répondre aussi aux aspirations de l'individu.

1.1 - La question morale

La question se pose, périodiquement, de la moralité du capitalisme. Cette question est trop souvent comprise comme s'adressant aussi, par facilité ou méconnaissance, au libéralisme lui-même trop fréquemment assimilé à son avatar néolibéral. Le constat, ici dans les nations démocratiques, de la croissance des inégalités est source d'une littérature savante, humaniste et nécessaire, qui s'évertue à proposer des éléments de réponse à cette question.

Philosophes et économistes, chacun y va, chacun apporte au débat. Alors, d'argument en argument, la question de la moralité du capitalisme s'enrichit mais, faute de trouver une réponse, elle se complexifie chaque fois davantage. Elle se complexifie parfois de façon surprenante quand la solution aux maux dénoncés se résume à un « il faut prendre aux riches ! » … ce qui suppose, pour que le modèle proposé soit viable, qu'il y ait des riches auxquels il soit permis de continuer à… s'enrichir pour qu'ensuite on puisse leur prendre !

« *Si l'économie était morale ce serait formidable : on n'aurait plus besoin ni d'État ni de vertu - le marché suffirait*[8]. » Il y a fort à parier que Smith, rapprochant cette phrase conclusive de la question initiale « *le capitalisme est-il moral ?* », ne manquerait de relever la dérive de l'auteur de cet essai qui répond par « économie » et « marché » à une question qu'il adresse au capitalisme. La question-titre de cet essai ne devrait-elle pas être, au vu de la conclusion, « l'économie est-elle morale » ?

---

[8]André Comte-Sponville - *Le capitalisme est-il moral ?*, Albin Michel, janvier 2004.

Si l'économie était morale, si les faits économiques réagissaient à des injonctions morales, ce ne serait pas seulement formidable, ce serait une remarquable exception, car les sciences peuvent-elles être morales ? Ne sont-ce pas leurs applications, les modalités de leur mise en pratique qui sont morales ou qui ne le sont pas ? Ainsi du capitalisme, qui est une des modalités de mise en application de la science économique. Qu'il mute (du capitalisme industriel au capitalisme financier) ou qu'il s'adapte (en portant attention aux « parties prenantes » autres que les actionnaires) le capitalisme fait sans cesse poser la question de sa moralité, question à laquelle la réponse s'impose : il n'est pas moral, il ne l'est plus ! Il ne l'est plus, parce qu'il est devenu capitalisme-accumulateur.

La science économique a cependant une particularité remarquable : elle est une science autoréalisatrice, au moins pour une part significative. La prévision macroéconomique est un influenceur, sinon un déterminant, du comportement des agents économiques. Les prévisions financières de l'entreprise influencent, sinon déterminent, le comportement des investisseurs, des consommateurs aussi. Et l'on sait, dans le domaine de l'entreprise, les conséquences que peut avoir une annonce « amorale » de tel acteur économique sur tel autre. L'on mesure le coût des politiques publiques, avant d'en évaluer les effets, par celui de la dette publique qui est celui de la confiance des marchés financiers. L'on sait aussi les conséquences du moral des Français, ou de celui des entrepreneurs, sur la consommation ou sur l'investissement et l'emploi. L'on sait enfin l'effet de la confiance qu'ont, ou non, les citoyens sur l'économie. Le moral, sinon la moralité, est une variable de l'équation économique. L'autoréalisation, voilà bien ce qui fait de la science économique une science particulière. Les faits économiques résultant pour partie d'une « croyance », l'économie est une science étrange, une science du moral sinon morale.

Les politiques économiques, qui ont pris le pas sur l'économie politique, parce qu'elles visent des objectifs sectoriels ou catégoriels sont tout à la fois « morales » et « immorales ». Nos avis sur la dépense publique en sont la parfaite illustration. Les mêmes qui critiquent les aides aux entreprises réclament davantage de prestations sociales ; ceux qui réclament des aides à l'économie dénoncent les dépenses sociales… La moralité se présente à deux faces !

Pour mesurer la complexité de cette science économique il faut ajouter, à sa « moralité à deux faces » et au « biais autoréalisateur », ses déterminants majeurs que sont la démographie, la disponibilité des ressources, les progrès techniques.

Est-ce de cette complexité qu'elle tient son rang de *science morale et politique* et sa plus ou moins grande moralité et sa plasticité politique ?

Philosophes et économistes s'appliquent donc à apporter des réponses à cette vaste question de la moralité de l'économie. Certains y mêlent Aristote, convoqué tel un proto anticapitaliste, pour qu'il livre sa sentence condamnant l'accumulation du capital, cette mauvaise chrématistique qui n'a pour fin que l'accumulation. Le convoquer c'est, à l'évidence, accepter de faire l'impasse sur ce qui est advenu depuis cette Athènes du IVᵉ siècle avant notre ère. Mais il s'agit bien de retrouver là, pour une société aujourd'hui en quête de sens[9], la bonne raison qui ferait que le capitalisme pourrait – aurait pu – être moral. Chez Aristote, la raison morale, la bonne chrématistique, c'est celle de la création et de la conservation des richesses pour « *quand elles sont nécessaires à la vie et utiles à la communauté politique ou familiale*[10] ». La société d'hyperconsommation nous en a, à l'évidence, fort éloignés.

La leçon que nous laisse, certainement bien malgré lui, Aristote mérite des nuances. On ne peut oublier que l'économie était alors domestique, que le travail n'avait pas de prix autre que celui de l'esclavage. La critique aristotélicienne de l'accumulation « capitaliste » allait toutefois nourrir, des siècles durant, la question de la moralité du capitalisme, sans pour autant y répondre. Aristote est-il aujourd'hui encore pertinent pour aider à construire le modèle d'une économie vertueuse, respectueuse des ressources et… inclusive ?

---

[9] Jean-Baptiste de Foucauld, Denis Piveteau - *Une société en quête de sens* - Odile jacob, décembre 1995.

[10] Aristote, in *La politique* cité par Jérôme Maucourant, « Le capitalisme entre rationalité et politique, Orient et Occident » - revue *Cités* n° 41, 2010/1.

Quelques siècles après Aristote, le capitalisme naissant, parce qu'il lui fallait financer ses expéditions commerciales, inventait les « actions », par-là la spéculation et les prêts (et la mondialisation aussi). Ces développements ajoutaient encore au débat, débat auquel l'éclatement des premières bulles (des « bulbes » dans le cas d'espèce de l'une des premières bulles : la tulipomanie, 1637) donnait déjà une nécessaire actualité : le capitalisme alors naissant affirmait déjà son immoralité.

La question traverse donc les siècles, alimentée par les crises qui rythment la vie économique et confirment, chacune, cette immoralité du capitalisme qui, chaque fois s'éloigne du libéralisme smithien. Les sorties de crises, les « relances » ont eu pour objectif de corriger les conséquences de ces crises davantage que d'en traiter les causes. La foi dans le modèle capitaliste est chaque fois affirmée, avec comme alibi, ou béquille, un progrès social. Un progrès social qui n'est pas acquis de haute lutte mais octroyé et qui ne fait qu'occulter davantage l'immoralité du modèle capitaliste et empêche de retrouver les valeurs morales et sociales du libéralisme « vrai ».

1.2 - *Théorie libérale des valeurs morales et sociales*

Fallait-il attendre… 1971 et la *Théorie de la justice*[11] qui vient rappeler le principe de ne jamais oublier les plus désavantagés ? Fallait-il encore attendre qu'un prix

---

[11] John Rawls (1921-2002) - *Théorie de la justice*, 1971.

LE LIBÉRALISME POUR LE XXIᵉ SIÈCLE

Nobel d'économie[12,13] vienne rappeler, une fois encore, que l'économie ne doit pas être ignorante de l'éthique, qu'il s'agit d'une science morale ? Fallait-il un autre prix Nobel[14] pour constater « *Une opposition diffuse (qui) dénonce le triomphe de l'économie sur les valeurs humanistes, un monde sans pitié ni compassion, livré à l'intérêt privé, le délitement du lien social et des valeurs liées à la dignité humaine...* » ? Fallait-il ce constat qui engage à retrouver le bien commun, un objectif pour lequel « *l'économie de marché n'est en rien une finalité. Elle n'est tout au plus qu'un instrument ; et encore un instrument bien imparfait...*[15] », pour dire à nouveau que non, le capitalisme n'est pas moral ?

Smith n'avait-il pas apporté la réponse quand il définissait l'économie politique « *comme une branche de la science d'un homme d'État ou d'un législateur* » devant satisfaire à deux objectifs « *premièrement, de procurer aux gens revenu et subsistance, ou plus exactement de leur permettre de se procurer à eux-mêmes revenu et subsistance ; et deuxièmement de fournir à l'État un revenu suffisant pour les services publics* ».

---

[12] « Prix Nobel d'économie » - Prix de la banque de Suède en sciences économiques en mémoire d'Alfred Nobel, voir chapitre 5 une courte histoire du prix Nobel d'économie.

[13] Amartya Sen, prix Nobel d'économie en 1998 - *Éthique et économie*, PUF, 2008.

[14] Jean Tirole, prix Nobel 2014 - *Économie du bien commun*, PUF, 2016.

[15] Ibid.

Le capitalisme qui ne s'est donné comme fin que la seule accumulation du capital, cette *marche d'accumulation capitalistique*, a fait oublier, ou rendre subsidiaire, l'un des objectifs de l'économie politique : celui de permettre à tous de se procurer revenu et subsistance. Il a en conséquence forcé l'État non seulement à assurer le *financement suffisant pour les services publics* mais à subvenir aussi aux besoins des plus pauvres, des oubliés… et à étendre ainsi son action bien au-delà du rôle et du périmètre smithiens de l'action publique (les dépenses pour la défense, la justice, les ouvrages et établissements publics, celles aussi pour soutenir la dignité du souverain …).

La marche capitalistique légitimait de la sorte des politiques publiques, substituts à la déficience du marché, contraignant le Souverain, les Institutions, à financer le revenu qu'il doit redistribuer (!) aux plus démunis. Le capitalisme trouvait là sa servitude volontaire, celle d'un État nécessaire venant au secours d'un libéralisme dévoyé, un libéralisme auquel rien n'a tant nui « *que l'insistance butée de certains libéraux sur certains principes massifs comme avant tout la règle du laisser-faire*[16] ». La déficience du marché c'était, déjà, ses excès.

Le libéralisme des origines, lui, n'ignorait pas qu'il n'y « *aurait peut-être rien de déraisonnable que les riches contribuent aux dépenses de l'État, non seulement à proportion de leur revenu mais encore au-delà* ». Il n'ignorait

---

[16] Friedrich A. Hayek- (1899-1992), *La route de la servitude*, 1944. Voir « Portraits : Friedrich Hayek. Taper dans le Mill ! »

pas davantage que « *quand on établit un droit de péage sur les voitures de luxe [...] un peu plus haut proportionnellement à leur poids que les voitures d'usage nécessaire [...] on fait contribuer d'une manière facile l'indolence et la vanité des riches...* » (Adam Smith apportait-il là une réponse à notre problème d'aujourd'hui : celui de ces véhicules SUV tant décriés ?) Le libéralisme des origines n'ignorait pas la nécessité de l'impôt mais ne lui reconnaissait pas la finalité de financer, au titre de la collectivité, les conséquences négatives que la recherche du profit par les uns pouvait avoir sur les autres.

La question de la moralité du capitalisme est venue assez tôt après que les principes de libéralisme smithien furent posés. Smith, en introduction de cet essai, nous le rappelait. Sismondi, constatant la situation misérable des ouvriers, s'affirmait moins comme hétérodoxe que comme continuateur des idées smithiennes, celles de la *Théorie des sentiments moraux* autant que celles de la *Richesse des nations* : « *Le bénéfice d'un entrepreneur n'est quelquefois autre chose qu'une spoliation de l'ouvrier qu'il emploie ; il ne gagne pas parce que son entreprise produit beaucoup plus qu'elle ne coûte, mais parce qu'il ne paie pas tout ce qu'elle coûte, parce qu'il n'accorde pas à l'ouvrier une compensation suffisante pour son travail*[17]. » Sismondi ne rompait pas, il restait fidèle à Smith dont il confortait les idées. En affirmant le mécanisme du marché et en réaffir-

---

[17] Cité par Philippe Gilles - *Histoire des crises et des cycles économiques - Des crises industrielles du XIXᵉ siècle aux crises actuelles* - Armand Colin, septembre 2009.

mant l'inacceptabilité des injustices pouvant en résulter, c'est le rôle de l'État smithien qu'il proposait d'aménager, au risque d'être compris comme le dénaturant, pour renforcer celui de régulateur social et envisager comme une politique de redistribution.

L'actualité de la pensée *sismondienne* apparaît encore évidente quand, à la suite de Smith, il affirme lui aussi que « *l'économie politique est la recherche des moyens par lesquels le plus grand nombre d'hommes, dans un État donné, peut participer au plus haut degré de bien-être physique qui dépende du gouvernement* ».

Avec son « *plus haut degré de bien-être qui dépende du gouvernement* », Sismondi forçait le trait smithien. Peut-être l'a-t-il forcé jusqu'à être le premier néolibéral qui demande le recours de l'État pour permettre le libre jeu de la *main invisible* et en corriger les excès qui sont, dans le vocabulaire moderne, des externalités négatives ? Ce qu'il dénonçait, c'était l'extrême pression qui pesait sur les salaires. Sismondi n'ajoutait-il pas à Smith en proposant de réguler le marché davantage que de devoir en corriger les conséquences résultant de ses excès ; n'affirmait-il pas ainsi le libéralisme de Smith davantage qu'il s'en détachait ou qu'il posait les prémices du néolibéralisme ?

1.3 - La valeur travail

« *La générosité, l'humanité, la bonté, la compassion, l'amitié et l'estime réciproques, toutes les affections sociales et bienveillantes...* », ce sont là les « *passions sociales* », ces passions les « *plus aimables et convenables* » qui, transposées de la *Théorie des sentiments moraux* à la *Recherche sur la nature et les causes de la richesse des nations*, donnent au travail une valeur… capitale.

Adam, l'économiste de 1776, s'inscrit bien dans la continuité du Smith de 1759, qui était alors titulaire de la chaire de philosophie morale de l'université de Glasgow.

Les principes qui dictent la nature et les causes de la richesse des nations ne pouvaient ignorer que si tous les efforts sont légitimes dans la « *poursuite des richesses, des honneurs* », la « *violation du jeu franc* », illégitime, n'est pas permise. Ils n'ignoraient pas davantage que « *Les lois les plus sacrées de la justice, celles dont la violation semble appeler le plus hautement la vengeance et le châtiment sont donc les lois qui préservent la vie et la personne de notre prochain ; ensuite viennent celles qui protègent sa propriété et ses biens ; enfin, au dernier rang, sont celles qui garantissent ses droits personnels…* ».

La *Théorie des sentiments moraux* est à lire comme la propédeutique de la *Richesse des nations* dans laquelle la valeur reconnue au travail est capitale pour le Smith économiste. Elle est valeur capitale au point d'être théorisée comme n'ayant pas de coût pour l'employeur, car « *En fait, l'ouvrier ne coûte à son maître aucune dépense, et cela malgré le salaire que celui-ci avance, la valeur de ce salaire se retrouvant en général, accrue d'un profit, dans l'augmentation de la valeur de l'objet que le travail de l'ouvrier façonne* ».

L'équation de production de la richesse était alors simple. Une habile combinaison des facteurs terre, travail et capital combinée à la division du travail permettait de produire à la nation « *tout ce qu'elle consomme chaque année en nécessités et commodités de la vie, et celles-ci sont toujours le produit immédiat de ce travail ou de ce qui est acquis avec ce produit auprès d'autres nations* ». Les révolutions technique, industrielle, numérique aujourd'hui, ont, depuis le XVIIIe siècle, forcément fait évoluer le poids de facteurs de production. Du capital, matériel, puis financier et aujourd'hui immatériel, s'est substitué au travail. Ces révolutions ont aggravé ce que Smith observait : « *Les ouvriers désirent obtenir le plus possible, les maîtres donner le moins possible. Les premiers sont disposés à se coaliser afin d'augmenter le salaire du travail, les seconds afin de le diminuer.* »

De crise en crise, de bulle en bulle, le capitalisme-accumulateur s'est conforté. Les causes de ses excès n'ont pas été corrigées, seules leurs conséquences ont fait l'attention des souverains, des États, qui ont développé, avec plus ou moins d'appétence, des politiques publiques compensatoires. Crise après crise, ces politiques publiques ont pris la forme d'un système de Protection sociale. Si l'Histoire enseigne que c'est avec la croissance économique et le progrès technique que se développent les dispositifs de Protection sociale, l'histoire économique enseigne que le développement de la Protection sociale répond à des excès qu'elle conforte. C'est peut-être comme cela qu'il faut lire l'histoire des acquis sociaux.

La marche capitalistique, tôt entreprise, c'est l'externalisation de la valeur-travail, c'est l'abandon progressif du libéralisme raisonné. Le constat était fait par Smith économiste qui, en 1790, 14 ans après la *Richesse des nations*, publiait une 6ᵉ édition (!) de sa *Théorie des sentiments moraux* à laquelle il ajoutait un chapitre : « *De la corruption de nos sentiments moraux, résultant de cette disposition à admirer les riches et les grands, et à mépriser ou à négliger les personnes pauvres ou obscures.* » Cette chronologie des travaux de Smith ne participe-t-elle pas à faire des « nouveaux principes » que Sismondi publiait en 1819, non pas sa conversion mais bien une continuation des principes smithiens ?

Ce complément apporté par Smith à ses sentiments moraux ne permet-il pas de voir que l'immoralité aujourd'hui justement dénoncée n'est certainement pas celle du libéralisme des origines mais celle d'un capitalisme néolibéral, grandement aidé par des Institutions qui ont trouvé là à se faire Providence ?

1.4 - L'avancée du libéralisme ou le « libéralisme avancé », John Stuart Mill

« *Le libéral qu'on adore. John Stuart Mill (1806-1873) était sans conteste un économiste libéral. Il avait foi dans les vertus innées de la concurrence et pensait que les individus sont toujours mieux placés que l'État pour savoir ce qui est bon pour eux. Mais il fait partie de ces libéraux qu'il est toujours passionnant et pertinent de lire*[18]. »

Voilà un libéral, continuateur de Smith, un libéral pertinent et passionnant (qui cependant aurait fait lui aussi une « conversion » comme Sismondi) promu par l'alter-économie, voilà bien comme un label de moralité décerné au libéralisme ! Mill a fait, sinon une « conversion », une avancée bien plus marquée que celle à mettre au crédit de Sismondi.

Oui, il est toujours pertinent de lire Mill chez qui l'on trouve des positions morales affirmées qui, cependant, n'auront pas prospéré, victimes de la dérive néolibérale. L'on trouvera aussi chez Mill quelques excès malthusiens : « *Tout homme a le droit de vivre : soit ; mais personne n'a le droit de mettre au monde des êtres destinés à rester à la charge d'autrui. Quiconque prétend soutenir le premier de ces droits doit renoncer au second*[19]. » Mais il s'affirme pour la « New Poor Law[20] » reconnaissant ainsi le rôle de l'État qui doit agir pour assister les plus démunis mais inciter aussi au travail (le volet « incitation » étant, dès ce moment, critiqué). L'économie politique avec Mill, qui

---

[18] Christian Chavagneux in *Alter éco*.

[19] John Stuart Mill - *Principes d'économie politique* qui feront l'objet de sept éditions entre 1848 et 1871. Voir « Portraits. John Stuart Mill : L'éducation de la main invisible, la responsabilisation de la raison sociale ».

[20] En 1834, avec la New Poor Law, l'État organise l'aide aux pauvres en instaurant une « aide contre travail » au sein de « maisons de travail ».

reconnaissait à l'État son rôle d'État régulateur, devient « politique sociale », mais une politique sociale prudente qui n'est pas d'assistance systématique. Voilà de quoi faire de Mill un libéral passionnant, qu'il faut lire, même quand on est alter-économiste !

Le constat de la misère ouvrière conduisait Mill à épouser ce que Smith avait théorisé « *Aucune société ne peut être florissante et heureuse si la partie de loin la plus grande de ses membres est pauvre et misérable* », alors l'État régulateur devait, pour répondre à cette obligation morale, recourir à l'impôt, un impôt proportionnel, un *impôt à la Smith*. John Stuart se fait promoteur de la taxation de l'héritage, des coalitions ouvrières aussi ; il souhaite promouvoir les organisations coopératives ; il s'oppose à « *l'assujettissement des femmes*[21] » et réclame la stricte égalité des sexes. L'actualité de la pensée de Mill c'est, aussi, une conscience écologique, peut-être un romantisme écologique, qui nourrissait une conception, hétérodoxe au regard de la conception smithienne, de l'état stationnaire : « *Il n'y a pas grand plaisir à considérer un monde où il ne resterait rien de livré à l'activité spontanée de la nature ; où tout pouce de terre propre à produire les aliments pour l'homme serait mis en culture ; où tout désert fleuri, toute prairie naturelle seraient labourés ; où tous les quadrupèdes et tous les oiseaux qui ne seraient pas apprivoisés pour l'usage de l'homme seraient exterminés comme des concurrents qui viennent lui disputer sa nourriture ; où toute haie, tout arbre inutile seraient déracinés ; où il*

---

[21] J.S. Mill - *De l'assujettissement des femmes* - 1869.

resterait à peine une place où pût venir un buisson ou une fleur sauvage, sans qu'on vînt aussitôt les arracher au nom des progrès de l'agriculture[22]. »

Mill n'abandonne cependant pas pour autant la libérale loi du marché qu'il ne conçoit pas comme tout entière guidée par des seules lois naturelles : des *exceptions considérables* nécessitent des lois humaines pour la réguler.

Continuateur de Smith, dont il enrichit l'apport, Mill s'affirme libéral. Légitimant l'intervention de l'État au-delà du périmètre défini par Smith mais affirmant la primauté de l'individu en exigeant aussi sa responsabilité. Mill, ce libéral, serait-il le premier libéral-social ? Est-il le premier social-démocrate[23] ? John Stuart Mill libéral observe la misère ouvrière, mais refuse « *avec la dernière énergie cette tyrannie de la société sur l'individu que la plupart des systèmes socialistes sont censés entraîner*[24] » ; il aspire à ce que « *la répartition du produit du travail, au lieu de dépendre exclusivement de la naissance s'effectue(ra) de manière concertée, d'après un principe de justice*[25] ».

John Stuart Mill reste comme un « objet bizarre » qui gagnerait à revenir à l'actualité de ce débat sur la moralité

---

[22] In *Principes d'économie politique.*

[23] J. S. Mill - *Considérations sur le gouvernement représentatif* - 1861.

[24] J. S. Mill cité par Denis Clerc in « Économie politique : la méthode de John Stuart Mill » dans *L'économie politique* (n°27) 2005/3.

[25] Ibid.

du libéralisme mais, revenir à l'actualité, ce serait prendre le risque de le voir critiqué par les théoriciens de la pensée *décoloniale* qui retiennent de son œuvre qu'il était alors partisan de l'empire colonial et affirmait l'inaptitude à la démocratie de certains peuples non civilisés… Il rejoindrait ainsi Aristote à qui l'on n'oublierait pas de rappeler son acceptation de fait de l'esclavage.).

Le modèle d'un « libéralisme avancé », ébauché par Sismondi puis par Mill, n'aura pas prospéré ; l'avatar néolibéral a pris la place.

Chapitre 2

BRÈVE HISTOIRE DE LA DÉRIVE
NÉOLIBÉRALE : COMMENT ON A TUÉ ADAM

L'école autrichienne ou celle de Chicago, la Société du Mont-Pèlerin ou le Consensus de Washington ? Thatcher ou… D'où vient le néolibéralisme ?

Le néolibéralisme a des géniteurs multiples, nombreux d'entre eux ne voudraient certainement pas se reconnaître aujourd'hui dans cet « avatar ». Néolibéral, le mot est devenu péjoratif. Ses inventeurs voulaient, en opposant le libéralisme aux extrêmes totalitaires, l'adapter pour qu'il continue d'être synonyme de richesse des nations en faisant croître harmonieusement autant le capital que le travail, en conciliant l'économique et une compréhension de la question sociale.

C'est de colloque en colloque que la théorie néolibérale s'est forgée. Les débats se faisaient avec l'objectif de trouver une réponse alternative aux expériences antilibérales, totalitaires, qui menaçaient. La question sociale semble n'avoir jamais été ignorée de ces débats… pour, finalement, être externalisée de la sphère économique et transférée à l'entière charge de l'État, qui de ce fait s'est trouvé bien au-delà des rôles et missions que lui reconnaît la théorie libérale pure. En externalisant la question sociale vers l'État, les intérêts du capital ont finalement, seuls, prévalu dans la sphère économique qui s'affirmait marchande.

2.1 - L'École autrichienne

1871. Ce fut l'année des « Prussiens »... pour la science économique aussi !

Carl Menger en publiant ses *Principes d'économie politique* pose les bases de l'école marginaliste, il crée la rupture profonde avec le libéralisme classique. La « passion sociale » et la « valeur-travail » sont refoulées par Menger. La seule combinaison des facteurs de production ne produit qu'une « chose » qui n'est pas encore un « bien ». La « chose » ne devient un « bien » que lorsqu'elle s'échange, quand elle répond à un besoin effectif, quand elle rencontre une demande. La « chose » devenue « bien », sa valeur est alors conséquente de la satisfaction qu'en attend celui qui l'acquiert. Menger substitue le « combien voulez-vous y mettre » au « combien ça vaut ». La valeur-travail smithienne est là sévèrement rendue subsidiaire, de même que le capital qui n'est qu'une « chose intermédiaire » tant qu'il ne génère pas de profit.

Cette présentation rapide, donc schématique, de la rupture marginaliste suffit ici car il s'agit d'aller rapidement à cette critique, sévère, que Menger adresse à Smith « *Adam Smith se situe, dans tous les cas de conflits d'intérêts, entre les pauvres et les riches, entre les forts et les faibles, sans exception du côté de ces derniers. J'emploie le mot "sans exception" de façon bien réfléchie, car il ne se trouve pas un seul endroit dans les œuvres de Smith où il défend les intérêts des riches et des puissants contre les pauvres et les faibles*[26]. » (Si l'alter-économiste lit Carl Menger, nul doute qu'il trouvera à Smith le même intérêt que celui accordé à Mill !).

Carl Menger renvoie Smith, Sismondi et Mill aussi, à leurs chères études. Faut-il alors le voir, au regard des excès auxquels ont conduit le marginalisme et l'avatar néolibéral, comme l'initiateur d'un néolibéralisme ultra, comme l'aïeul des Chicago boys ? Ce serait faire un raccourci car l'Histoire de la pensée et de l'analyse économiques enseigne que Menger a lui aussi d'illustres, et oubliés, aïeux : les économistes de l'École de Salamanque.

Murray Rothbard[27] invite, après Schumpeter[28], à faire un détour par cette école de Salamanque[29]. Les économistes

---

[26] Cité in « La rupture de Carl Menger avec l'économie classique », Pierre Le Masne, in *Alternative économique*, 2002.

[27] *Histoire de la pensée économique* - 1995, Murray Rothbard (1926-1995). Élève de Ludwig von Mises, Rothbard se fera le théoricien du libertarisme et de l'anarcho-capitalisme en affirmant que toute intervention de l'État est incompatible avec la liberté de marché, l'intervention de l'État est une agression contre les libertés individuelles.

[28] *Histoire de l'analyse économique* - J. A. Schumpeter 1954.

[29] « L'importance historique de l'école de Salamanque » (Lew Rockwell-Foundation for Economic Education. Traduit par Benoît Malbranque, publié par l'Institut Coppet), *Histoire de l'analyse économique* - J. A. Schumpeter - 1954.

de Salamanque sont pour Rothbard les *proto-autrichiens* après que Schumpeter a vu en eux les pères fondateurs de la science économique. Ce détour par Salamanque est riche d'enseignements sur les origines de la science économique et celles du néolibéralisme autrichien.

Riche d'enseignements sur les origines de la science économique, parce que la contribution de l'école de Salamanque date du XVIe siècle. Cette contribution à la science économique est celle de théologiens, moralistes et jusnaturalistes. Intéressés aux questions marchandes, ils poseront les principes libéraux, guidés par la raison naturelle, éclairés par les découvertes de la Renaissance et interpréteront la pensée de saint Thomas d'Aquin. La propriété privée ? Un bien fait l'objet de meilleurs soins par son propriétaire que s'il est un « bien commun » (Luis de Molina, 1535/1601) partant, elle stimule l'activité économique et participe au bien-être général (Diego de Covarrubias y Leiva, 1512/1577). Le prêt à intérêt ? Il est naturel, à cette époque de développement du commerce, que le prêteur prête avec intérêt à celui qui va commercer, investir ; et l'intérêt demandé sera fonction non seulement du montant du prêt mais aussi de sa durée (Martín de Azpilcueta Navarrus, 1491/1586).

Riche d'enseignements sur le néolibéralisme avec une théorie de la valeur et du prix. Francisco de Vitoria (1485/1546) théorise, bien avant Menger, que le prix c'est le résultat de l'accord qui se fait lors de l'échange ; la valeur du bien n'est pas conséquente de son coût de production mais de son utilité pour l'acquéreur, toute intervention de l'État dans le commerce (l'économie) viole une « règle d'or ».

L'école de Salamanque allait être oubliée jusqu'à trouver avec l'école autrichienne un écho et une nouvelle actualité, cette dernière prospérant avec Menger, Von Mises, Hayek et Rothbard. L'école autrichienne se fera ultralibérale, Rothbard sera libertarien et anarcho-capitaliste !

2.2 - Le colloque Lippmann[30,31]

C'est à Paris, en 1938, que se tient un colloque, le « Colloque Lippmann ». 1938 ? Le libéralisme se trouve pris entre deux extrêmes (cf. E-J. Hobsbawm, déjà cité). L'ambition est alors qu'il faut sauver le libéralisme, retrouver un libéralisme vrai qui semble céder, ici, aux charmes d'un Front populaire, ailleurs à ceux du New Deal, et qui est confronté à l'affirmation du modèle démocratique et populaire et à celle aussi du modèle national-socialiste. Des modèles économiques qui, tous deux, ont la planification, le planisme comme principe régulateur. Il faut

---

[30] Walter Lippmann (1889-1974) voir « Pour aller plus loin - L'information de masse, la désinstruction des masses. Le risque démocratique ».

[31] Serge Audier : (1) *Le Colloque Walter Lippmann - Aux origines du néo-libéralisme* - Éditions Le Bord de l'eau, Lormont - 2008 ; et (2) son excellente synthèse « L'histoire mouvementée du néolibéralisme » in *Les grandes idées politiques*, sous la direction d'Héloïse Lhérété – Ed° Sciences humaines - 2017. François Denord « Le prophète, le pèlerin et le missionnaire - la circulation internationale des idées néolibérales et ses acteurs », in *Actes de la recherche en sciences sociales* - 2002/5.

sauver le libéralisme de ces extrêmes, il faut le rénover aussi après que le laisser-faire a été reconnu coupable de la survenance de la crise de 1929. Il faut le sauver après que le New Deal est venu légitimer une politique économique et sociale interventionniste. Il faut également récupérer à la cause libérale la bourgeoisie prise en tenailles, dans les folles années 30, entre le grand capital, qui finissait par regarder vers les opportunités d'une économie de guerre-planifiée, et la montée des masses ouvrières.

Pour sauver le libéralisme, le Colloque Lippmann proposera aux libéraux un socle commun (soit le plus petit dénominateur commun) : un État, financé par un impôt progressif, avec une forte taxation de l'héritage ; des dépenses publiques centrées sur la sécurité, la recherche, la sécurité sociale ; le tout dans le respect de l'équilibre des dépenses avec les recettes et avec l'affirmation du primat de l'économie concurrentielle. Voilà qui semblait permettre de retrouver la « passion sociale » de Smith et venait nuancer le droit de propriété et quelques autres principes qui s'étaient affirmés.

Il fallait donc un mot pour nommer cette rénovation, ce socle commun. Pour nom de baptême, c'est néolibéralisme qui fut choisi : il affirmait la nouveauté, cachait la diversité des débats, et donc celle des « écoles » qui s'exprimaient et qui tendaient, toutes, à redonner un avenir au libéralisme. Ce socle néolibéral ne retenait ni le dogme du libre-échange absolu ni ne sanctuarisait le droit de propriété. Il ne voulait pas être, non plus, un « libéralisme trop confortable » qui attendrait une présence plus marquée de l'État qui, forcément, menacerait d'imposer les règles trop précises d'un libre-échange sécurisé, d'un libre-échange ordonné.

Le socle commun de ce néolibéralisme ainsi défini, pouvait se présenter « social-démocrate », assez éloigné du modèle de Menger, il était suffisamment souple pour permettre aux différentes doctrines de suivre chacune son chemin.

2.3 - La Société du Mont-Pèlerin

Il aura fallu une dizaine d'années, et une guerre mondiale, pour que la question de la refondation du libéralisme revienne au débat. La guerre mondiale avait réglé la question du nazisme et donc celle du modèle (!) national-socialiste. Il restait au néolibéralisme né en 1938 à s'affirmer, par une nouvelle adaptation, face au modèle collectiviste communiste… et à s'opposer aussi au keynésianisme qui, sous la forme d'un Plan Marshall, risquait de prospérer. Il fallait un nouveau néolibéralisme qui se garderait de « *l'insistance butée de certains libéraux sur des principes massifs, comme avant tout la règle du laisser-faire* » dénoncée par Hayek et ne reconnaîtrait pas « *ceux qui se servaient de la phraséologie libérale pour défendre des privilèges antisociaux[32]* ». Voilà qui donnait du grain à moudre et, après 1938 et le colloque Lippmann,

---

[32] F. A. Hayek op.cit.

ce fut, en 1947, la Société du Mont-Pèlerin[33] (SMP) qui vint prendre le relais pour faire évoluer et porter les idées libérales.

Il serait intéressant de rapprocher ici les premiers débats et premières orientations de la Société du Mont-Pèlerin des principes affirmés, trois ans plus tôt en 1944, par la Déclaration de Philadelphie. Cette Déclaration étendait le mandat social de l'Organisation internationale du travail ; elle était comme « *une étoile polaire qui permet aux autorités nationales et internationales d'orienter leur trajectoire avec davantage de certitude qu'auparavant vers la promotion du bien-être commun de l'humanité comme un horizon à atteindre, quelles que soient les tourmentes économiques qu'elles puissent rencontrer*[34]. »

Déclaration de Philadelphie, Société du Mont-Pèlerin[35] : les planètes étaient, presque, alignées pour retrouver le libéralisme des origines, n'ignorant pas la question sociale.

La Société du Mont-Pèlerin, de son côté, affirmait ses buts qui visaient à contribuer à la création d'un ordre international propice à la sauvegarde de la paix et de la liberté permettant des relations économiques harmo-

---

[33] Créée à l'initiative de Hayek, réunie pour la première fois au Mont-Pèlerin (Vevey, Suisse). Voir annexe 1.

[34] Edward Phelan, Directeur de l'OIT en 1941/1948.

[35] Voir La déclaration de Philadelphie. Voir annexe 2.

nieuses, soucieux de redéfinir les périmètre et rôle de l'État, soucieux du rétablissement d'un cadre législatif garantissant que les libertés de chacun s'exercent dans le respect des droits par l'établissement de règles respectant l'initiative individuelle et garantissant le fonctionnement du marché.

Ainsi, succédant au « socle » issu du Colloque Lippmann les buts affirmés par la SMP confirmaient encore le caractère ouvert de la pensée néolibérale qui se construisait. La SMP, groupe réuni par Hayek, un *Autrichien*, affirmait son objectif de construire une nouvelle orthodoxie libérale. Après le Colloque Lippmann, la SMP continuait d'affirmer la plasticité des idées néolibérales.

La recherche d'un socle libéral commun se poursuivait ainsi, confortant certainement chacune des « écoles » dans ses certitudes. L'objectif affirmé de « relations économiques harmonieuses » faisait oublier de traiter vraiment de la question sociale.

2.4 - L'école de Chicago

L'hétérodoxie ultra l'emporta, celle de l'école de Chicago sous l'égide de Milton Friedman[36] qui forçait le trait de la déclaration d'intentions de la SMP. Dans les années 1970, le néolibéralisme devenait un modèle radical du libéralisme, « l'ultralibéralisme », avec les *Chicago boys* de l'expérience chilienne. Friedman donnait là le grain à

---

[36] Milton Friedman (1912-2006), prix Nobel - 1976.

moudre pour que le seul fait d'employer le terme « néo-libéralisme » soit compris comme une critique définitive adressée au libéralisme.

La méthode néolibérale ainsi radicalisée prospérera avec des résultats économiques finalement peu démonstratifs. Ces principes ultralibéraux, qui se présentaient initiale-ment comme destinés à aider les pays en développement, trouveront à s'appliquer, dans des contextes institution-nels et politiques tout autres, avec le Thatchérisme et les Reaganomics. Les principes de l'école de Chicago trouve-ront, au tout début des années 1990, une formalisation avec le Consensus de Washington. Le catéchisme néoli-béral était écrit.

À Washington, le FMI, la Banque mondiale et le Trésor américain s'accordaient pour imposer aux pays béné-ficiaires d'aides l'engagement à mettre en œuvre et res-pecter « dix commandements » que ces trois institutions reprenaient d'une note de l'économiste John Williamson. Ces commandements devaient garantir la libéralisation des économies des pays aidés (en résumé : discipline bud-gétaire et redéfinition des priorités des États en matière de dépenses publiques, privatisations, déréglementation, réforme fiscale, libéralisation des taux d'intérêt, compé-titivité des taux de change, libéralisation du commerce, ouverture aux investissements de l'étranger, affirmation du droit de propriété...). Les politiques d'ajustement structurel naissent là, enfants illégitimes de la lignée de Smith. Ces politiques évolueront pour devenir, européa-nisées, des objectifs de réformes structurelles ciblant, depuis Bruxelles, les « 3 % de déficit », les dépenses sociales et faisant la chasse aux monopoles publics !

2.5 - La critique du Consensus de Washington

Le constat par Williamson des résultats de ces politiques d'ajustement structurel le conduisait, quelques années après, à reconnaître s'être parfois trompé ! Il ne sera pas seul à faire ce constat. En 2016, trois économistes du FMI ajoutaient leur critique à l'autocritique du père du Consensus de Washington. Ils publiaient un article titré « Neoliberalism : Oversold[37] ». De ce néolibéralisme survendu ils reconnaissaient que « *les avantages de certaines politiques incontournables du programme néolibéral semblent avoir été quelque peu exagérés [...] De plus, l'ouverture (financière) et l'austérité vont de pair avec une aggravation des inégalités, et cet effet redistributif crée un cercle vicieux : le creusement des inégalités provoqué par l'ouverture financière et l'austérité peut à son tour saper la croissance, que les néolibéraux veulent précisément stimuler. Aujourd'hui, des éléments très probants montrent que les inégalités peuvent avoir une incidence fort négative sur le niveau et la durabilité de la croissance* ». Ne trouve-t-on pas ici ce que disait déjà Gunnar Myrdal[38] ?

---

[37] « Le néolibéralisme est-il surfait ? » - Jonathan D. Ostry, Prakash Loungani et David Furcer ; www.imf.org

[38] Gunnar Myrdal (1898-1987), voir infra § 44 - Moralité de l'État.

Parmi ces critiques du consensus de Washington, il faut rappeler celle de, l'oublié, Maurice Allais[39]. Notre premier prix Nobel d'économie, qui fut membre de la SMP[40], alertait notamment, en 2009, dans une Lettre au Français[41] « *des tabous indiscutés dont les effets pervers se sont multipliés et renforcés au cours des années... le protectionnisme entre pays de niveaux de vie très différents est non seulement justifié, mais absolument nécessaire. C'est en particulier le cas à propos de la Chine, avec laquelle il est fou d'avoir supprimé les protections douanières aux frontières [...] du chômage résulte des délocalisations elles-mêmes dues aux trop grandes différences de salaires... Si aucune limite n'est posée, ce qui va arriver peut d'ores et déjà être annoncé aux Français: une augmentation de la destruction d'emplois, une croissance dramatique du chômage non seulement dans l'industrie, mais tout autant dans l'agriculture et les services* ».

Maurice Allais se présentait ici comme « *théoricien à la fois libéral et socialiste. Les deux notions sont indissociables dans mon esprit, car leur opposition m'apparaît fausse, artificielle. L'idéal socialiste consiste à s'intéresser à l'équité de la redistribution des richesses, tandis que les libéraux véritables se préoccupent de l'efficacité de la production*

---

[39] Maurice Allais (1911-2010), prix Nobel - 1988.

[40] M. Allais, participant à la première réunion de la SMP n'en avait pas signé la déclaration, s'opposant à la propriété privée de la terre.

[41] M. Allais (1911-2010) - « Lettre aux Français » - in *Marianne*, décembre 2009.

de cette même richesse. Ils constituent à mes yeux deux aspects complémentaires d'une même doctrine. Et c'est précisément à ce titre de libéral que je m'autorise à critiquer les positions répétées des grandes instances internationales en faveur d'un libre-échangisme appliqué aveuglément ». Ne faisait-il pas là la synthèse que les néolibéraux, qui s'efforçaient à s'afficher libéraux, n'arrivaient pas à faire depuis le colloque Lippmann, la Société du Mont-Pèlerin et enfin la critique du Consensus de Washington ? Cette synthèse *à la Allais,* c'était la critique du « libre-échangisme mondialiste » qu'il dénonçait pour ses effets sur le chômage, sur l'austérité qui en résulte. Peut-être a-t-il été trop tôt à la fois libéral et social, ou trop social après avoir été libéral, ou… ? Peut-être disait-il à sa façon l'urgence de revenir au libéralisme moral d'Adam Smith ?

2.6 - *Le parangon ordolibéral*

Parce que le réflexe de la comparaison, le *benchmark*, est devenu argument d'autorité politique, l'ordolibéralisme trouve une place de choix dans cette brève histoire du glissement progressif du libéralisme au néolibéralisme. Il est pourtant remarquable que, dans le débat, il n'apparaisse pas, ou peu, et semble passer sous le radar des critiques comme emporté par celles qui font du néolibéralisme un tout, compris comme étant LE libéralisme, et sans que ses divers courants ne soient identifiés. Ces critiques n'ont-elles pas vu que « *Tout le cadre de Maastricht reflète les principes centraux de l'ordolibéralisme*[42] » ? N'ont-ils pas vu que c'est sur la forme ordolibérale du néolibéralisme qu'ils devraient se focaliser ? Nous ne savons plus nommer les choses, c'est bien ce que Smith nous disait lorsqu'il intervenait pour « poser le débat ».

L'ordolibéralisme, né dans les années 30, est allemand. Il a dicté, et dicte, la politique de rigueur de notre parangon de voisin, il explique ses résultats économiques. Cette réussite qui s'affiche expliquerait et légitimerait qu'il faille appliquer ces mêmes recettes. Mais, faire du parangonnage un argument d'autorité c'est oublier l'enseignement que nous livrait Rica « *qui peut penser qu'un royaume [...] soit gouverné [...] par des lois qui ne sont pas faites pour lui ?*[43] » . Appliquer la recette pour en avoir les mêmes effets nécessite, avant tout, de réunir les mêmes ingrédients. L'ingrédient de la recette ordolibérale n'est-il pas un cadre institutionnel bien autre que l'étatisme à la française ?

L'ordolibéralisme c'est reconnaître, c'est ordonner le rôle de l'État pour lui confier l'organisation des conditions du libre jeu du marché. L'ordolibéralisme est un ordre libéral construit, un ordre social-libéral qui s'oppose ainsi au néolibéralisme du Mont-Pèlerin qui se présente comme un ordre social naturel, spontané.

---

[42] Jeus Weidmann, président de la Bundesbank, cité par Anne Isla in « Libéralisme, néolibéralisme, ordo-libéralisme, libertarisme », colloque novembre 2017, université de Toulouse.

[43] Montesquieu - *Lettres persanes* - lettre C.

L'ordolibéralisme apparaît comme une chose simple et efficace donc, la bonne santé de l'économie allemande en est la preuve. Mais l'objet est complexe. Il renverse violemment les valeurs du libéralisme smithien. L'économique prévaut sur le politique (l'*oïkos* prévaut sur le *polis*, adieu Aristote, vive la mauvaise chrématistique). Si l'ordre libéral doit être organisé par le politique qui est placé au service de l'économique, la méfiance qu'inspire l'État à tous les courants néolibéraux conduit les ordolibéraux à privilégier les « entités publiques indépendantes » qui échappent au débat démocratique. De là, un cadre strict fixé à l'État, qui ne doit en sortir. De là, le déficit démocratique dont l'UE est accusée au motif d'ultralibéralisme ou de néolibéralisme quand il s'agit précisément d'ordolibéralisme. L'objet ordolibéral est vraiment complexe car s'il est, à l'évidence, cause de déficit démocratique, il fait toute sa place au dialogue social… une pratique, une valeur trop fréquemment occultée quand, benchmark après benchmark, l'on observe les bons résultats, la bonne gestion d'outre-Rhin sans s'attarder sur les pratiques qui conditionnent ces réussites. Oui, on a, ici, oublié la leçon persane de Montesquieu !

Pour comprendre l'ordolibéralisme, il faudrait rappeler ce qu'a été le contexte historique de son émergence (la dette de « réparation » de la première guerre mondiale, l'hyperinflation, la montée du nazisme) et s'attarder aussi sur les travaux de ses pères fondateurs, Walter Eucken,

Franz Böhm et Hans Grossman Doerth[44]. Il suffit, ici, de le citer.

Il faudrait pour compléter cette brève histoire du glissement progressif de la théorie libérale vers la pratique néolibérale dire aussi ce que sont les instruments qui ont aidé à sa diffusion. Le management, la gestion des ressources humaines, les mots[45], la comptabilité générale de l'entreprise[46], autant d'instruments et de techniques qui ont rempli la boîte à outils et façonné les modes opératoires du néolibéralisme. Ce sont ces instruments, ces pratiques[47], qui avec l'abandon progressif de la question sociale font aujourd'hui l'actualité du débat contre le néolibéralisme. Cet avatar qui n'aura eu comme ambition que de ne plus marcher que sur un pied, celui du profit du capital, oubliant que la question de la justice sociale avait toute sa place, on l'a vu, dans les principes de Smith. Ignorant la question sociale, le néolibéralisme a enfanté un État protéiforme qui se devait d'être Providence, jusqu'à s'épuiser en palliant les excès néolibéraux sans jamais en éviter la survenance.

---

[44] Walter Eucken (1891-1950), Franz Böhm (1895-1977), Hans Grossman Doerth (1894-1944).

[45] Jean-Paul Fitoussi - *Comme on nous parle, l'emprise de la novlangue sur nos sociétés* - Les Liens qui libèrent, septembre 2020.

[46] Valérie Charolles - *Le libéralisme contre le capitalisme*, Folio-essais, décembre 2020.

[47] Voir infra § 61 « Quand le comptable n'entend pas le DRH, il faut réformer la comptabilité ».

L'État est devenu, et il avait ici de belles dispositions pour cela, comme le faux nez social du néolibéralisme. De ce fait « *l'utilisation de moyens (tels que) les assurances sociales, l'impôt progressif sur le revenu, des dépenses publiques actives, des nationalisations (ne sont pas) des moyens apparemment étrangers ou opposés aux principes libéraux*[48] » ; ils n'y sont ni étrangers ni opposés puisqu'ils le servent. Mais, en tuant Adam Smith, les néolibéraux ont emprunté, sans le voir, cette route de la servitude théorisée par Schumpeter. En faisant naître l'État Providence, et non plus l'État protecteur, l'État réparateur et non pas l'État régulateur, ils ont aussi fait le lit de ce socialisme terre à terre que le décidément mal compris Schumpeter avait perçu au-delà de sa théorie de la destruction créatrice. Le socialisme terre à terre, c'est ce socialisme bureaucratique auquel biberonnent à la fois les *membres pauvres et misérables de la société* et les entrepreneurs aussi qui demandent aides et subventions.

Davantage que le libéralisme ou l'économie de marché, c'est bien cet avatar néolibéral-capitaliste, avec l'État souvent consentant, qui ne fonctionne plus. La déclaration faite devant l'OIT par le président de la République pour être opportune méritait d'être précisée pour que le soient les réponses qu'il faut apporter.

L'histoire aurait pu être autre mais une curieuse « division du travail » s'est installée : d'un côté, la maximisation du

---

[48] *La nouvelle raison du Monde, essai sur la société néolibérale* - Pierre Dardot, Christian Laval, La Découverte, 2009.

capital pour les uns, qui ont en conséquence accepté les assurances sociales, l'impôt et la dépense publique, parfois même jusqu'à des nationalisations, pour permettre, de l'autre côté, à l'État d'investir un rôle de « secours » qu'il a usé jusqu'à l'épuisement. Ni Allais ni Léon Bourgeois[49], un autre de nos prix Nobel, et son solidarisme[50], n'ont été entendus.

[49] Léon Bourgeois (1851-1925), prix Nobel de la paix, 1920.

[50] Voir : « Portraits : Léon Bourgeois - Une lutte de classe ! »

Chapitre 3

L'ACTUALITÉ DE LA QUESTION : LES EXCÈS DU NÉOLIBÉRALISME

Rappelons-nous « *à chaque étape du processus économique de nouvelles choses se produisent*[51] ». À l'évidence, il s'en est produit de « *nouvelles choses qui n'étaient pas advenues* ». Le fait majeur qui, souhaité à l'Ouest, mais non prévisible, s'est produit et a fortement orienté le cours du néolibéralisme, c'est certainement l'effondrement du bloc de l'Est avec celui d'un mur, celui de Berlin.

Cet évènement vient comme une interrogation que l'on adresserait à Schumpeter. Vers quoi le néolibéralisme va-t-il nous conduire maintenant qu'il n'y a plus de socialisme, mort en 1989 ? La prédiction schumpétérienne du basculement vers le socialisme mais vers un « socialisme terre à terre » n'aura pas été enterrée sous les décombres du mur, elle vaut, hélas, encore !

Resté seul au monde, le modèle capitaliste néolibéral, héritier dégénéré du libéralisme, s'est à l'évidence trouvé conforté dans ses excès. Dans son aveuglement, il s'est

---

[51] E-J. Hobsbawm Op. Cit.

éloigné encore davantage de ce que Weber[52] disait être l'esprit du capitalisme « *la satisfaction et la fierté d'avoir procuré du travail à de nombreux hommes, d'avoir participé à l'épanouissement économique de sa ville* », il s'en est éloigné en poursuivant la création de richesses pour leur accumulation ; il s'en est éloigné aussi avec la production d'une succession de biens et services qui trouvent leur demande parce qu'ils sont éphémères, annonciateurs de ceux qui vont suivre. Il s'en est éloigné en instaurant le « village global », qui ridiculisait la ville de Weber. La chute du Mur de Berlin se présente dans l'histoire du néolibéralisme comme un accélérateur de pensée qui vient achever les réflexions ouvertes avec le Colloque Lippmann, poursuivies par la Société du Mont-Pèlerin avant d'être posées comme théorème par le Consensus de Washington.

Sans concurrence politique ni idéologique, le libre jeu néolibéral se trouve encore facilité en 1989. À la docilité des États occidentaux, à la loi de la libre circulation et à l'ouverture européenne viennent s'ajouter, à l'Est, des marchés nouveaux qui permettaient, aussi, de faire jouer la clause du moins-disant social.

Dans ce terrain de jeu dégagé, le néolibéralisme allait conduire à des excès dont quatre majeurs, focalisent à juste titre les critiques et les cris et font l'actualité du débat.

---

[52] *L'éthique protestante et l'esprit du capitalisme* - Max Weber, 1904.

L'ACTUALITÉ DE LA QUESTION :
LES EXCÈS DU NÉOLIBÉRALISME

Le premier c'est celui du creusement des inégalités de revenus (et de chance aussi). Le chômage de masse vient ensuite. Le troisième en est la conséquence : l'État providence, toujours davantage sollicité, ne fonctionne plus. Le quatrième, enfin, est que « notre maison brûle[53] » (ce qui n'eut pour effet, lorsque la chose fut dite, que d'enchaîner sur un « tout va (encore) très bien Madame la Marquise » affirmant de la sorte la confiance dans le progrès surtout et insuffisamment dans la raison).

3.1 - Les revenus

À l'évidence, l'entrepreneur libéral schumpétérien a oublié, ou n'a pas compris, que pour le libéralisme « *Il y a une sorte de travail qui ajoute de la valeur à l'objet sur lequel il s'exerce [...] ce travail peut être appelé productif [...] en fait l'ouvrier ne coûte à son maître aucune dépense, et cela malgré le salaire que celui-ci avance, la valeur de ce salaire se retrouvant en général, accrue d'un profit, dans la valeur de l'objet que le travail de l'ouvrier façonne* ». Marx ? Non, Adam Smith dans sa *Recherche sur la richesse des nations* !

Le souci de maximiser son profit, tout en conservant une compétitivité-prix, conduisait inévitablement cet entrepreneur à minimiser le salaire. Adieu Aristote, adieu Weber ! Passons sur les étapes de cette histoire de la répartition de la valeur créée pour en regarder le résultat.

---

[53] Jacques Chirac, le 2 septembre 2002 - Sommet de la Terre, à Johannesburg.

La question qui en résulte, celle qui fait florès, est celle du juste revenu, qui dépend de la juste répartition de la valeur créée. Elle amène à celle de la pauvreté (si l'on saute rapidement sur celle de l'adéquation du revenu au travail fourni - question sur laquelle Smith donne bien d'autres leçons, on l'a vu).

L'INSEE nous dit que 14,8 % de la population se trouve en deçà du seuil de pauvreté (le seuil de pauvreté étant égal à 60 % du revenu médian). L'on pourrait se satisfaire de comparaisons internationales ; celle avec les pays de l'OCDE classe la France comme le pays qui lutte le mieux contre la pauvreté. Il est réconfortant aussi de savoir que jusqu'à la crise de 2008, le taux de pauvreté baisse sur la longue période. Mais il faut voir que, depuis, l'écart se creuse à nouveau.

Il faut s'interroger sur le niveau de ce *revenu médian* qui détermine ce qu'est le seuil de pauvreté après les effets de la redistribution sociale (prestations de services et monétaires). Il faut s'interroger, enfin, sur la pertinence du système redistributif, qui porte bien son nom puisqu'il prélève sur la richesse économique créée pour corriger ce que l'entrepreneur schumpétérien semble n'avoir compris ni de Smith, ni même de Schumpeter[54].

Aussi efficace que soit, comparativement, le système de redistribution, s'en satisfaire serait ne pas considérer que derrière ses belles performances il y a des pauvres

---

[54] Voir « Portraits : J. A. Schumpeter - La route du socialisme ».

(pauvre = revenu mensuel inférieur à 1 000/1 050 euros). Ils sont plus de 9 millions (avant la Covid) quand la population dans l'emploi est de 24,8 millions (dont 19 millions salariés du privé et 5,7 millions salariés du public).

Le sujet étant préoccupant, un arsenal de statistiques et ratios vient compléter la donnée *taux de pauvreté*. Dans cet arsenal, la mesure de *l'intensité de la pauvreté* vient éclairer le sujet : 50 % des personnes pauvres (soit 4,5 millions de personnes) ont un revenu inférieur de 20 % au moins (soit 860 euros) à celui déterminant le seuil de pauvreté. Une autre donnée, un autre concept statistique est venu plus récemment : celui du travailleur pauvre. Pour autant que la statistique soit fiable, les travailleurs pauvres, ceux dont le revenu est au mieux de 860 euros, sont au nombre de 1 million.

Un revenu mensuel de 860 euros caractérise, statistiquement parlant, le seuil en deçà duquel les personnes sont très pauvres. Comment ne pas rapprocher cette valeur de celle dont on parle pour un revenu universel qui ne donnerait comme liberté que celle de la subsistance (et entraînerait bien d'autres conséquences, certainement sur le niveau des salaires).

Un million de travailleurs pauvres ! Voilà qui pose cruellement la question de la valeur du travail et de la valeur-travail.

Le constat pourrait facilement être complété encore avec les autres outils qui mesurent les écarts de revenus qui font les inégalités : les approches non monétaires de la pauvreté (durée de vie, la pauvreté appréciée « en conditions de vie », l'accès à l'instruction, l'accès aux soins etc.). Pour ne pas s'éloigner de la leçon donnée par Smith (« *en fait l'ouvrier ne coûte à son maître aucune dépense* ») et sous forme de synthèse, la seule mesure de la pauvreté monétaire (9 millions d'individus pauvres et 5 % des salariés sont des travailleurs pauvres) suffit à légitimer la mise en cause du modèle néolibéral qui n'empêche pas, par ailleurs, que la masse salariale augmente de façon continue (sauf cas de la crise de 2008 et celle de 2020/21) malgré l'augmentation du chômage.

Ainsi rapidement documenté, le sujet des revenus, celui des salaires, amène à celui de leur insuffisance, tant en *niveau* qu'en *masse* (le nombre des salariés dans l'emploi) et conduit, naturellement, à poser la question de l'écart des revenus, question qui trouve à se comprendre comme celle de l'inégalité des revenus, et qui amènera à aborder celle du système de distribution (voir infra 33).

Revenons à Smith pour qui le « *salaire qui ne coûte rien puisque le prix du salaire se retrouve dans la valeur ajoutée* ». Ceci dit, il justifiait aussi que le niveau de la rémunération du travail productif (qu'il opposait au travail non productif) puisse dépendre du « *caractère agréable ou désagréable des emplois, de la facilité et du coût modéré ou de la difficulté et du coût élevé de leur apprentissage, de la stabilité ou de l'instabilité des emplois, de la confiance plus ou moins grande qu'il faut accorder à ceux qui les exercent, de la probabilité ou l'improbabilité de la réussite de ces emplois* ». Il ajoutait que la rémunération du travail peut être conséquence « *de la confiance plus ou moins grande qu'il faut accorder à ceux qui les exercent* ». Ces critères libéraux pur jus peuvent aujourd'hui encore servir de grille de lecture aux écarts de revenus avant de poser la question de leur inégalité.

La statistique est venue au secours d'Adam Smith et mesure aujourd'hui ces écarts de rémunération.

L'édition 2019 du *Portrait social* établi par l'INSEE donne le panorama des revenus salariaux annuels : 2 600 euros pour le 1ᵉʳ décile, 37 470 euros pour le 9ᵉ avec un revenu médian de 18 450 euros. Ce *Portrait social* s'applique ensuite à préciser les niveaux de revenus en fonction du diplôme : 2 160 euros pour les non-diplômés du 1ᵉʳ décile et 60 980 euros pour les « bac + 3 au moins » du 9ᵉ décile (avec un revenu médian de 14 760 euros pour les non-diplômés et de 28 830 euros pour les diplômés). Sans distinction du diplôme, l'écart de revenu est « 1 à 14,4 », il double si l'on rapporte les revenus des « bac +3 » du 9ᵉ décile à ceux des non-diplômés du 1ᵉʳ décile. Avec un tel outillage, les politiques publiques visant les *inégalités* de revenu sont, à l'évidence, équipées pour viser juste !

Les écarts de revenu, le mot « écart » étant retenu de préférence à celui de « inégalités », nous rappellent à l'obligation morale (Smith) de *payer la dette sociale* (Léon Bourgeois) à l'égard des plus démunis. Il faut, pour s'acquitter de cette dette, un système redistributif, un système de solidarité alimenté par l'impôt (sur les revenus, les profits, la propriété…) et un système d'assurance sociale financé par des contributions sociales précomptées sur le travail (la part salariée) et l'emploi (la part patronale). Il faut un système qui pallie la défaillance du modèle de détermination du prix du travail.

À la question du niveau des salaires, qui justifie pour partie la redistribution, s'ajoute celle de la masse des salaires, qui forme l'assiette du précompte des cotisations sociales. L'emploi de bas salaires conjugué à un chômage important crée, fatalement, un problème de financement du système redistributif qui doit répondre à toujours davantage de besoins. Un problème de financement de la redistribution qui résulte pour partie d'une politique d'allègements et d'exonérations des cotisations sociales (voir infra 34).

3.2 - Le chômage de masse

La Banque mondiale estime à 5,42 % le taux de chômage « monde » en 2020 (hors effets de la pandémie), il est de 7,7 % pour les pays de l'OCDE, de 7,4 % pour les pays de l'Union européenne, de 8,1 % pour la zone euro (août 2020) et de 9 % pour la France en septembre 2020 (il était de 7,1 % en début d'année 2020).

S'il est vrai que « *dans la lutte contre le chômage nous avons tout essayé*[55] », le constat est alors sans appel : rien n'a réussi, soit les outils de la politique pour l'emploi n'étaient pas les bons soit le problème était, là aussi, mal

---

[55] François Mitterrand, 1993.

posé. Alors, nous avons accepté, ou fait avec, notre préférence pour le chômage.

Consensus de Washington, décliné façon ordolibérale oblige, il faut réformer : l'indemnisation du chômage en France est critiquée pour sa générosité qui, plus grave, serait désincitative à la reprise d'emploi. La cause du chômage se trouverait dans le confort qu'offre son indemnisation. L'imparfaite coordination des divers organismes participant à l'indemnisation, à l'aide au retour à l'emploi, à la formation des demandeurs d'emploi ajouterait encore des freins au retour à l'emploi. Une évidence s'imposait, le Service public de l'emploi devait être réformé. La réforme s'est faite[56] sans que soit réellement posée la question de savoir de quoi la préférence pour le chômage est le nom : des Institutions, du modèle néolibéral, du tempérament « gaulois », du confort de l'indemnisation ?

Les aides à l'emploi, les allègements et exonérations de « charges sociales », les dépenses d'indemnisation de la perte d'emploi, celle de formation professionnelle n'ont pas manqué. Rien n'y a fait. Ni le partage du temps de travail, ni les 35 heures et les RTT, ni même les dernières réformes du droit du travail, flexisécurité à la française. *« Au Danemark, champion de la flexisécurité, les dépenses pour le marché du travail s'élevaient en 2015 à 3,2 % du PIB (contre 2,9 en France)… et surtout une part de dépenses dites actives, dont la formation, représentant le*

---

[56] Réforme du Service public de l'emploi, 2008 - création de Pôle emploi.

double de la France (1,4 % au lieu de 0,7 %)[57] ». La dernière réforme en date de l'Assurance chômage, qui devait être incitative à la reprise d'emploi (sans que les modalités de « l'accompagnement » à ce retour à l'emploi ne soient vraiment réformées) n'a pas eu le temps de produire des effets.

Le *Mal français* n'est-il pas cette préférence pour les Institutions ? Cette préférence qui fait oublier que c'est la conjoncture économique (dont les effets sur l'emploi commençaient à être mesurables avant la pandémie Covid 19) qui crée l'emploi bien davantage que les règles et les incitations… Avec un peu de croissance, la création d'emploi faisait baisser le taux de chômage. Et encore, la conjoncture économique ne suffit-elle pas à tout expliquer.

La démographie, les usines que l'on expatrie, la financiarisation des investissements et le développement de l'économie numérique sont autant de déterminants du marché du travail. À l'évidence, les règles de l'indemnisation de la perte d'emploi, les modalités de l'accompagnement au retour à l'emploi, n'ont que peu de poids pour en contrebalancer les effets structurants… sans compter que certaines autres politiques publiques peuvent avoir des effets contre-productifs sur le retour à l'emploi (aides au logement, aides à l'accès à la propriété)…

---

[57] In *Une autre voie est possible, vers un modèle social-écologique*, Éric Heyer, Pascal Lokiec, Dominique Méda, Flammarion, Champ, Septembre 2020.

Les théories du chômage, sur le chômage, doivent être révisées. Ludwig Von Mises, qui participerait à un « colloque de Lippmann de 2020 », pourrait-il réaffirmer, alors que l'austérité salariale est devenue une règle de gestion, que « *Le chômage en tant que phénomène massif et durable est la conséquence d'une politique qui vise à maintenir les salaires à un niveau plus élevé que celui qui résulterait de l'état des marchés* » ? La courbe de Phillips s'est affolée il y a des décennies déjà !

3.3 - Le système redistributif

Adam nous l'a rappelé : « *Aucune société ne peut être florissante et heureuse si la partie de loin la plus grande de ses membres est pauvre et misérable. En outre, il n'est que juste que ceux qui nourrissent, habillent et logent toute la masse du peuple aient une part du produit de leur travail qui leur permette de ne pas trop mal se nourrir, s'habiller et se loger.* » Smith ne s'arrêtait pas là et précisait, avec le premier des cinq principes de sa théorie du bon impôt, les modalités du financement de l'assistance due aux plus pauvres et misérables : « *Les sujets d'un État doivent contribuer au soutien du gouvernement, chacun le plus possible en proportion de ses facultés, c'est-à-dire en proportion du revenu dont il jouit sous la protection de l'État* » !

Le père du libéralisme serait-il, aussi, le père du « il faut faire payer les riches » ? Oui, ce sont bien les capitalistes, et les « bourgeois », qui doivent payer l'impôt même s'il est assis, comme le sont les cotisations sociales, sur le salaire. Quand ni le niveau de certains salaires ni la masse des salaires ne suffisent plus à financer la « dette sociale », c'est l'impôt sur le capital (sur la fortune, sur les transmissions) qui doit venir au secours ! Voilà posés des principes libéraux, qui se présentent *smitho-pikettiens*. Menger avait raison ! C'est bien Smith, et son continuateur Sismondi, pour qui les riches doivent assurément, mais raisonnablement, financer les besoins des plus pauvres. Menger avait raison, Smith est sans exception toujours du côté des faibles !

C'est entre cet assurément et cette *limite raisonnable* que le système redistributif aura cheminé jusqu'à être déclaré en faillite : l'État, devenu providence, devenu obèse et impécunieux, ne fonctionne plus.

Le système de Protection sociale[58] est épuisé. Conçu pour réparer les insuffisances d'un modèle économique il a, peu à peu, muté jusqu'à devenir le moyen de faire accepter, voire de faciliter et d'autoriser, les excès d'un libéralisme devenu « ultra ».

L'État, qui s'est voulu stratège économique, semble avoir abandonné toute ambition de politique économique et

---

[58] Le lecteur pourra se référer, au chapitre 2 des *5 leçons pour penser le social au XXIe siècle* - Hervé Chapron et Michel Monier, édité par le CRAPS, juillet 2020 ainsi qu'à *Emploi : Tout va très bien Madame la Marquise* - Hervé Chapron, éditions Docis, décembre 2016.

industrielle pour privilégier une politique de redistribution.

3.4 - *La crise de l'État providence*

1981, la crise de l'État providence[59] ne pouvait déjà plus être ignorée. L'OCDE titrait son rapport sur les politiques sociales « *L'État protecteur en crise* » : le constat était posé. La prise de conscience se faisait d'un financement qui ne suffisait plus, résultat d'une croissance économique ralentie et d'un système de sécurité sociale toujours plus sollicité, qui en conséquence se révélait inadapté mais que l'on ne cessait de charger davantage... au motif de son insuffisance.

La solution était trouvée, celle de la réduction des droits sociaux individuels qui ne pouvait cependant pas exclure l'ouverture à de nouveaux bénéficiaires pour répondre à l'objectif d'universalité (le assurément de Smith). La question sociale faisait place à celle de la crise d'un système qui était confronté à l'injonction paradoxale de dépenser moins et de couvrir toujours plus de bénéficiaires.

Après les « Trente glorieuses », un temps nouveau commençait : celui des rustines sociales qui allaient permettre de faire survivre un système de protection sociale sans pour autant l'adapter aux enjeux nouveaux. Les rustines dont il s'agit furent celles de l'augmentation progressive des contributions sociales (devenues, dans le langage cou-

---

[59] Pierre Rosanvallon *La crise de l'État providence* - Seuil, 1981.

rant dicté par les normes comptables, des « charges sociales »), de l'abandon progressif aussi de la proportionnalité entre celles-ci et les droits sociaux. Une succession de décisions opportunes s'enchaînait sans trouver de réponse à la crise de *l'État protecteur*.

L'époque ne se prêtait cependant toujours pas à changer de modèle. On s'appliquait à le rafistoler. Peut-être pour deux raisons. L'une franco-française : il s'agissait alors d'œuvrer comme un nouveau « Front populaire » pour des droits nouveaux tout en sacralisant les droits acquis. L'autre raison s'était construite au long des années 80 pour se formaliser en 1989 avec l'européanisation du consensus de Washington (voilà pourquoi il fallait ce détour par la brève histoire du glissement progressif libéralisme vers *l'ordolibéralisme de l'Union*) qui imposait une réduction de la dépense publique par le moyen privilégié de réformes structurelles priorisant la réduction des dépenses sociales.

L'Europe séduite par le néolibéralisme s'était outillée (rappelons-nous ce « *Tout le cadre de Maastricht reflète les principes centraux de l'ordolibéralisme*[60] ») et s'imposait la norme des « 3 % » de déficit public, elle veillait aussi à ce que les réformes du droit du travail répondent à des objectifs de flexibilité, il fallait que le coût du travail baisse. Les régimes sociaux focalisaient l'attention de l'Union européenne jusqu'à faire oublier les régimes fiscaux. Le dumping fiscal pouvait jouer librement. L'Eu-

---

[60] Op.cit.

rope sociale cependant s'efforçait d'avancer, il fallait pour cela une nouvelle déclaration : la Charte communautaire des droits sociaux des travailleurs (c'était en 1989, l'année même du consensus de Washington et du Mur de Berlin).

Trente ans après, le même constat s'impose, celui de la crise de l'État protecteur, à l'évidence aggravée. Les déclarations ambitieuses de l'UE, encore renforcées par le récent (2017) Socle européen des droits sociaux, n'y font rien. L'application plus ou moins ferme des principes néolibéraux visant la réduction de la dépense publique n'a fait qu'aggraver la situation ; parler ce n'est pas agir. La crise de l'État providence a fait place à une panne, celle de l'ascenseur social, et à une peur, celle du déclassement. Nous avons quitté le pays des merveilles, celui des Trente glorieuses et aujourd'hui « *on est obligé de courir tant qu'on peut pour rester au même endroit*[61] ».

Comment avons-nous pu, à l'ère où tout s'accélère – la diffusion de l'information, les déplacements etc. – laisser se ralentir, puis s'arrêter l'ascenseur social ? Dans une étude de 2018, l'OCDE estime à 64 % la part des personnes les plus pauvres qui resteront « au bas de l'échelle ». Il faut aujourd'hui six générations pour espérer atteindre le niveau médian de revenu quand on est une personne pauvre.

---

[61] Lewis Carroll *Alice au Pays des merveilles* cité in *La vie liquide* - Zygmunt Bauman, Fayard, Pluriel, 2006.

Comment la panne s'est-elle produite quand, sur la même période, le poids des dépenses de protection sociale rapportées au PIB (qui a continué d'augmenter même si sa croissance a ralenti) est passé de 25 % à 33 %[62] s'agissant des seules dépenses de santé et de vieillesse. Et la dette des ASSO, les administrations de sécurité sociale, tourne aujourd'hui autour des 200 milliards d'euros !

Le financement du système a, savamment, évolué, mélangeant toutes sortes de sources de financement, jusqu'à l'emprunt devenu nécessaire. L'on a inventé une contribution sociale généralisée, une contribution pour le remboursement de la dette sociale et une caisse d'amortissement de cette dette sociale. Les rustines n'ont pas tenu.

Le système redistributif, tel qu'il a été piloté, est à bout de souffle. Les politiques publiques n'ont pas eu les effets annoncés. Le constat fait en 1981 par l'OCDE reste vrai. Et, les solutions élaborées par la « nouvelle gauche », qui faisait à la même date le même constat, n'ont-elles pas conduit à encore charger la barque de la Protection sociale sans davantage d'effets ?

L'augmentation des prestations sociales servies n'est pas seule en cause, l'évolution de la structure des sources de financement a elle aussi sa part.

---

[62] « Les prestations sociales de 1981 à 2014, trois décennies de maîtrise des dépenses de santé et de vieillesse » - DREES, direction de la recherche, des études, de l'évaluation et des statistiques, ministère des Finances et des Comptes publics - février 2016.

L'ACTUALITÉ DE LA QUESTION :
LES EXCÈS DU NÉOLIBÉRALISME

L'évolution des dépenses sociales est déterminée par des causes diverses. L'augmentation des dépenses de santé, de vieillesse-retraite résultent du vieillissement de la population et de l'apport de technologies dans les processus de soin, de la demande aussi de « mieux vivre ». L'accès gratuit au système de santé facilite une surconsommation de confort.

Des causes que l'on qualifie de conjoncturelles orientent l'évolution des dépenses d'indemnisation du chômage, de formation professionnelle, de solidarité (RSA…). Dans tous les cas, le « voile de la protection sociale », les « filets de sécurité » s'appliquent à répondre aux conséquences sans que les causes ne soient traitées.

Du côté des « recettes sociales », aux déterminants structurels (les politiques sociales contracycliques) et conjoncturels (l'état de l'économie et… la confiance) s'ajoute un « biais budgétaire ». Des politiques publiques comme celles visant à alléger le coût du travail par le moyen de l'allègement des contributions sociales emportent une diminution des « recettes sociales » qui n'est qu'incomplètement compensée par l'État. Des politiques publiques ont pour conséquence de participer au déficit du système de protection sociale… et de conduire alors à des politiques publiques de réduction de la dépense sociale, qui peuvent générer un besoin supplémentaire chez les plus démunis… pour lesquels il faut alors inventer un dispositif nouveau…

L'application mise à sophistiquer le système redistributif et celui de la protection sociale a fait oublier celle qu'il faut porter au modèle économique. C'est comme si un « je redistribue, je répare les inégalités » avait rendu inutile de s'interroger sur ce qui crée la richesse. La Protection sociale est devenue un système de soins sociaux, elle devrait être un système de prévention des risques économiques.

S'il faut s'interroger sur le juste niveau de redistribution, pour des raisons aussi morales qu'économiques, il faut regarder aussi ce qu'est devenu le « modèle de création de la valeur » qui fait de moins en moins de place au travail[63,64].

L'apparente logique qui guide les politiques sociales est surprenante : elle affirme la valeur du travail (une fois en affirmant qu'il faut la partager parce que devenue rare elle en est d'autant plus précieuse, une fois en incitant chacun à travailler plus) et s'applique à en diminuer le coût ! Les politiques de protection sociale semblent avoir pris le pas sur les politiques de développement économique. La dérive des assurances sociales vers la fiscalisation, vers l'emprunt et donc la dette, s'est naturellement imposée comme si l'on privilégiait de payer des taxes et impôts davantage que de payer le juste prix économique du travail !

Faut-il voir dans la panne de l'ascenseur social la main volontaire (et invisible) du néolibéralisme ou celle, malhabile (et trop visible) de l'État ? Voilà pourquoi le seul constat de *quelque chose qui ne fonctionne plus dans le*

---

[63] 1992/2014 : croissance du PIB = 102 %, croissance de l'emploi salarié = 17,65 %- source INSEE.

[64] *5 leçons pour penser le social au XXIe siècle*, déjà cité.

capitalisme ne suffit vraiment pas à poser le problème.
Un « néolibéralisme survendu » a naturellement conduit
à un État providence *oversolded*, lui aussi.

La crise de l'État providence ne suffit pas aux malheurs de
ce siècle. Il y a plus grave encore, qui concourt à ajouter la
crise de l'État protecteur !

3.5 - « *Notre Maison brûle* »

Le risque d'incendie était signalé depuis quelques décennies. L'histoire est ici aussi celle d'un aveuglement.
La pratique néolibérale qui a conduit à la crise de l'État
providence conduit dans le même mouvement, par ses
excès, à l'exploitation aujourd'hui irresponsable de notre
planète. Les alertes, pourtant, n'ont pas manqué avant ce
« Notre maison brûle et nous regardons ailleurs[65] ».

**La conscience écologique, l'angle mort du néolibéra-
lisme**

À l'évidence, les alertes et les théories de la croissance
maîtrisée ne sont pourtant pas de ce siècle, ni du précédent. C'est, peut-être au XVIIIᵉ qu'il faut remonter pour
en trouver les origines, avec Malthus[66] qui, s'inquiétant

---

[65] Jacques Chirac, assemblée plénière du IVᵉ Sommet de la Terre -
Johannesburg, 2 septembre 2002.

[66] Thomas Malthus (1766-1834) - *Essai sur le principe de population en tant
qu'il influe sur les progrès futurs de la société avec des remarques sur les théories
de M. Godwin, M. Condorcet et d'autres auteurs* - 1798.

des effets de la croissance démographique sur le « *progrès futur de la société* » alertait sur le caractère fini des ressources qui ne pouvait conduire qu'à la famine. C'était l'annonce de la *catastrophe malthusienne*. Si la croissance démographique (i.e. la demande) participe à la croissance économique, il arrive un plafond inéluctable. Le pessimisme malthusien ne laissait entrevoir que les guerres et épidémies et la régulation des naissances pour réguler la demande et l'offre, pour éviter ou retarder l'atteinte de ce plafond et la catastrophe.

Avec Malthus, la solution s'annonçait, déjà, punitive (comme elle l'est aujourd'hui avec *les ultra-verts*). C'était là la préhistoire de la croissance raisonnée sinon de la croissance zéro ! Le pessimisme à la Malthus c'est aussi la rupture avec l'équilibre à la Smith. Ce pessimisme s'est confronté aux progrès qui ont fait constamment repousser l'atteinte du plafond malthusien… tout en sapant les principes libéraux de 1776.

Le XIXᵉ siècle, avec la révolution industrielle, aurait pu faire poser, de façon moins romantique que ne l'a fait John Stuart Mill, la question de la « préservation de la planète ». L'état stationnaire apportait comme un début de conscience écologique, vite emporté par la croyance dans le progrès… qui avait fait ses preuves avec les gains de productivité dans les productions agricoles.

De rares, et originaux, libéraux nous disent aujourd'hui que l'écologie « est » dans la nature du libéralisme par l'affirmation du droit naturel et absolu de propriété qui force

le propriétaire à se soucier du « développement durable »
de son bien. La démonstration à laquelle ils s'efforcent est
qu'à l'inverse de la propriété collective, « les communs[67] »,
qui favoriserait une consommation sans retenue du bien
commun, le propriétaire individuel s'emploie à préserver
son bien, le valoriser et le faire prospérer. Si l'argument
peut valoir pour l'exemple facilement avancé des forêts
(dont la superficie augmente), il ne tient pas pour celui
des mines, carrières, gisements de métaux, énergies fos-
siles, etc. Cet argument ne tient définitivement pas car, si
la propriété collective est dite synonyme de dilapidation
du bien commun, la propriété individuelle, par le souci
de la valorisation du bien, ne pousse-t-elle pas, naturellement, à son exploitation avec l'objectif d'optimiser le produit que l'on en retire ? Les arguments de ces libéraux-là
sont fragiles : la loi du marché n'incite pas à préserver les
biens naturels mais à les exploiter. L'exemple de la forêt
vient donc là comme… l'arbre qui cache la forêt[68] et la
théorie de la « tragédie des communs » est, elle, contre-
dite par des expériences réussies de gestion coopérative[69]

---

[67] Voir *The tragedy of the commons*, G. Hardin, Science, 13 December 1968,
vol. 162.

[68] Dans son dernier rapport, le GIEC vient au secours de cette théorie : « La
baisse des émissions dans (l'usage des terres) sera atteinte grâce à la diminution du rythme de la déforestation et à l'accélération du reboisement. Les
options les plus « rentables » pour l'atténuation dans ce secteur sont : Le
reboisement, la gestion durable des forêts, la réduction de la déforestation. »

[69] « Comment des biens communs peuvent être efficacement gérés
par les usagers » - Elinor Ostrom, prix Nobel d'économie 2009, avec
Oliver Williamson.

(qui semblent toutefois insuffisantes pour en retirer une règle).

La conscience écologique qui résultait du « gouvernement par la nature » des physiocrates allait laisser la place à la théorie de l'équilibre général qui ignorait que la consommation des ressources si elle n'a pas de prix avait un coût. L'affirmation qui posait que « *l'empire du climat est le premier de tous les empires*[70] » n'aura pas résisté à l'épreuve des faits ! Le climat, qui n'avait pas de valeur économique, s'est plié à l'empire des progrès.

La conscience écologique apparaît absente de l'économie libérale et l'émergence de l'économie écologique se présente comme un champ nouveau pour la science économique[71]. Il s'agit aujourd'hui de rebattre les cartes entre théories de la décroissance, économie stationnaire, croissance verte, développement soutenable. Il s'agit d'identifier les besoins humains fondamentaux, de trouver à valoriser la nature (ce qui fait revoir l'utilisation des outils habituels de l'économie pour en promouvoir d'autres qui forceraient à une représentation du monde plus éthique). La voix du néolibéral Wilhem Röpke[72] qui alertait « *nous violons la nature* » et sur les inégalités aussi s'opposait

---

[70] Montesquieu, *L'esprit des lois* - 1748.

[71] *L'économie écologique* - Ali Douai, Gaël Plumecocq, Paris, La Découverte, coll. « Repères », 2017.

[72] Wilhem Röpke (1899-1966), fondateur avec Hayek de la Société du Mont-Pèlerin et, avec Eucken, de l'ordolibéralisme.

à celles de Friedman et des ultralibéraux. La seule voix de Röpke qui « *n'aura cessé, depuis les années 1940, de déplorer la laideur des villes modernes, l'épuisement des ressources, la déforestation, l'extinction des espèces, et le saccage de l'environnement[73]* » n'a pas pu prospérer pour donner une conscience écologique au (néo)libéralisme.

L'affirmation des limites de la croissance

1972. Le rapport sur Les limites de la croissance est remis au Club de Rome par des chercheurs du Massachusetts Institut of Technologie[74], leurs conclusions sont claires. La poursuite de la recherche d'une croissance économique exponentielle conduit inévitablement au dépassement des ressources, à l'effondrement, même avec le recours à des énergies renouvelables et des technologies sobres . Le Club de Rome se présentait comme le lieu de l'élaboration de la pensée « verte », comme l'avait été pour le néolibéralisme le colloque Lippmann.

Le rapport Meadows, s'il n'a pas fait prendre conscience de l'urgence d'actions, ouvrait la voie à un courant académique qui ajoutait aux injonctions tiers-mondistes de la décroissance. Dans ce mouvement, les théories de la

---

[73] Tiré de « Le néolibéralisme : unité, diversité, divergences » Serge Audier - in *La vie des idées*, juillet 2012 – repris in *Problèmes économiques*, 11.2015.

[74] Rapport « The limits to the growth », Donelle et Dennis Meadows - MIT 1972.

croissance verte devaient prospérer. Herman Daly[75], fondateur de l'économie écologique, proposait le modèle d'une « *économie à population constante, avec un stock de capital constant, maintenue par un faible taux d'utilisation d'énergie tenant compte des capacités régénératives et assimilatives des écosystèmes*[76] ». Avec l'économie écologique, une heureuse nuance est mise à la violence de la proposition malthusienne qui envisageait l'éradication des pauvres, et non pas de la pauvreté, comme l'un des moyens possibles pour éviter la catastrophe !

40 ans après la publication de leur rapport, les Meadows l'actualisaient et ne pouvaient qu'observer que leur appel à limiter la croissance et stabiliser le PIB à son niveau de 1975, pour faire du progrès le moyen de mieux consommer à niveau constant, n'avait pas été entendu.

3.6 - Les excès ultimes du néolibéralisme : l'économie low cost, les fonds de pension et le « dieselgate »

• Sans nous en rendre vraiment compte, nous avons emprunté une *route de la servitude*, avec le secours du confort d'un système redistributif qui amortissait (et permettait aussi) les excès d'un ultralibéralisme. Cette

---

[75] Herman Daly (1938-) - *Beyond Growth: The Economics of Sustainable Development* - août 1997.

[76] Cité par Gildas Renou in *Repenser l'économie dans une perspective écologique. Une cartographie des principaux enjeux*. À propos de : Ali Douai, Gaël Plumecocq, *L'économie écologique*, Paris, La Découverte, coll. « Repères », 2017.

route s'est récemment pavée de la facilité permise par la consommation low cost et du tout *en un clic* ; une nouvelle servitude qu'Hayek n'avait certainement pas anticipée.

L'État était là qui se présentait comme « secours » et en conséquence comme objet de revendications. La loi du marché est venue, elle, au secours de l'État en dopant les politiques de pouvoir d'achat par le moyen de cette nouvelle économie à bas coût qui trouvait à se développer encore et prendre son plein essor avec l'économie numérique.

L'économie low cost et numérique a joué comme un relais de croissance en permettant une consommation à moindre coût : voyages, vacances, biens et services. Bien mieux que les apports du Front populaire. Des biens et services sont devenus accessibles non seulement à moindre coût mais avec, en plus, la facilité du « clic » permise par le numérique. Le réflexe consumériste trouvait à s'épanouir encore. La consommation et les loisirs « de classe » devenaient possibles pour ceux auxquels ils étaient jusqu'alors interdits. Ce low cost, qui permettait les mêmes destinations que les classes affaires ou qui offrait les services d'un chauffeur, ne réinventait en fait qu'une « troisième classe ». Le low cost s'est présenté comme la martingale : il crée un besoin et de l'emploi… dont on ne percevait pas qu'ils sont l'un et l'autre de troisième classe.

La (très) vieille théorie économique avait pourtant alerté « *Qu'on ne croie pas que le bon marché des denrées est profitable au menu peuple. Le bas prix des denrées fait baisser le salaire, diminue (son) aisance, procure moins de travail et d'occupations lucratives et anéantit les revenus de la nation[77]* » . N'est-ce pas là la démonstration qui a été faite par le développement de compagnies aériennes à bas coût, puis avec celui des « plateformes » de réservation, de livraison et de « mobilité » ? C'est bien là ce qui est advenu avec le développement des autoentrepreneurs et des *travailleurs des plateformes.*

La boucle est bouclée : l'économie low cost offre un champ nouveau pour la consommation de masse, financièrement accessible. Le confort qu'elle apporte et les emplois qu'elle crée cachent l'avènement d'une troisième classe de consommateurs et d'emplois. Il faut alors que l'État intervienne, une fois encore ex post, pour corriger des excès néolibéraux en ouvrant des droits nouveaux aux travailleurs indépendants qui ne pouvaient rester à la marge du système de protection sociale. François Quesnay avait alerté : le bas prix des denrées et des salaires anéantit aussi les revenus de l'État (au moment où il en a le plus besoin) ; vouloir les prix bas pour le bon motif du pouvoir d'achat c'est aussi accepter les bas salaires et engager l'État à des secours nouveaux.

• Les fonds de pension sont un autre des exemples de ces excès ultimes du néolibéralisme. Ils viendraient au secours des vertueux, mais à bout de souffle, systèmes de

---

[77] De François Quesnay, cité in *L'échec politique d'une théorie économique : la physiocratie* - Yves Charbit dans la revue *Population*, 2020/6.

retraites par répartition. Pour autant qu'ils réinternalisent dans l'économie le financement des retraites en évitant le circuit public de la redistribution, le rendement qu'en exigent leurs financeurs en arrive à jouer contre l'entreprise dont ils sont, parfois, les anciens employés ! La boucle est bouclée, le maillon faible du capitalisme c'est le salarié devenu retraité qui joue contre l'emploi des actifs, cet emploi qui est la source même de ses rentes. Les fonds de pension agissent comme un « *détournement antisocial de la richesse sociale*[78] » qui peut conduire, en même temps, à la destruction d'emplois et, en conséquence, à la ruine du retraité-épargnant-actionnaire ! L'excès fait le poison, l'actionnaire perd la raison. L'aveuglement néolibéral s'affirme, le cercle devient vicieux : il faut satisfaire le confort de la rente, la maximisation du profit, la sauvegarde du capital. C'est l'excès qui fait le poison et un système à deux étages associant répartition et capitalisation ne serait-il pas un des éléments de solution ?

• Un dernier exemple ? Celui du dieselgate ! L'optimisation, ou le trucage industrialisé des tests d'émission de CO_2 appliqués aux véhicules fonctionnant au diesel, conclura cette liste des excès du néolibéralisme : le dieselgate. Il prend naissance au pays de l'ordolibéralisme, ce pays où l'intervention de l'État s'applique, plus qu'ailleurs, à garantir le libre jeu institutionnalisé de la concurrence qui, obstacle aux monopoles, garantit l'allocation optimale des ressources. Avec le dieselgate, l'al-

---

[78] *La société ingouvernable, une généalogie du libéralisme autoritaire* - Grégoire Chamayou, La Fabrique, 2018.

location optimale des ressources trouvait à s'appliquer par le moyen d'une compréhension optimisée de la réglementation et peut-être aussi d'une entente, d'un pacte. Avec le secours d'un logiciel de trucage, la stratégie industrielle et commerciale se fixait l'objectif de présenter les véhicules conformes aux tests sans avoir à soucier de leur non-conformité en usage normal. Il fallait comprendre la norme comme applicable aux tests ! Cette stratégie nécessitait à l'évidence une allocation de ressources qu'un *green marketing* allait rentabiliser ! Le pays ordolibéral qui est, aussi, celui des *grünen,* ne jouait pas franc jeu.

L'affaire mise au jour, l'optimisation de l'allocation de ressources a dû être réorientée vers les amendes et des provisions pour risques. Ce qui importe, ce qui compte (!) c'est que les comptes donnent « une image fidèle et sincère ». Les conséquences du dieselgate, pertes colossales et cours de Bourse, pour toute l'industrie automobile, n'étaient plus quelques années après qu'un mauvais souvenir. Pour certains analystes, la mise au jour du trucage avait même eu un effet positif : elle avait joué comme un révélateur sans lequel l'industrie automobile « *n'aurait pas connu un virage vers l'électromobilité aussi rapide*[79] ». L'ordolibéralisme n'avait pas été moral mais trouvait à s'acheter, rapidement, une vertu : la mise au jour du scandale n'a-t-elle pas joué comme accélérateur de la prise de conscience qui faisait basculer l'industrie automobile dans l'hybridation et l'électrification ?

---

[79] Stefan Bratzel, fondateur du Center of Automotive Management.

Chapitre 4

ET LA MORALITÉ DE L'ÉTAT ?
L'URGENCE DE LA QUESTION !

Ce serait dans le tempérament français que de se plaindre constamment de l'État. Il en fait trop, ou pas assez, c'est selon, mais l'État est bien cet objet de récrimination générale, et il semble s'en satisfaire : il trouve là le prétexte à en faire toujours plus tout en annonçant qu'il va se réformer !

La revendication est toujours la même : il doit en faire davantage, quitte à ce qu'il en fasse moins pour certains. L'État trouve là son compte et satisfait à la demande, au prix de quelques savantes contorsions qu'impose Bruxelles. Le *toujours plus d'État* trouve son acceptation par la magie d'un État qui ne se contente pas de faire plus, mais qui affirme faire mieux.

Le débat sur l'État pour autant qu'il occupe l'espace public ne se fait pas. L'État poursuit sa croissance, étend son champ d'action, trouvant à satisfaire, jusque dans les critiques qui lui sont adressées, son génie naturel à proposer une « offre de services » qui crée sa propre demande. De politique publique en politique publique, une exception française s'affirme qui est celle de la préférence pour la redistribution, celle qui fait privilégier le coût des prélèvements obligatoires à celui du juste prix, économique, du travail.

Le débat sur le libéralisme, sur le capitalisme néolibéral, parce qu'il est mal posé, fait éluder le vrai débat sur l'État. La réforme de l'État, celle de l'action publique, sont présentées comme des questions autonomes de celle du modèle économique. C'est ne pas voir que l'État s'est fait acteur économique ! Réformer l'État ne peut pas, ne peut plus, relever ni d'une volonté ni d'une démarche qui ne concerne que la seule sphère publique.

Avec un taux de prélèvement à hauteur de 50 % du PIB, avec un revenu des ménages pauvres dans lequel les prestations sociales comptent pour 40 %, peut-on croire que la réforme de l'État peut être envisagée et conduite sans être coordonnée avec celle du modèle économique ? L'échec des épisodes réformateurs que voulaient être la rationalisation des choix budgétaires, la révision générale des politiques publiques et bien d'autres jusqu'à l'actuelle politique de transformation publique sont autant de coups d'épée dans l'eau. Déconnectée de toute volonté de réforme du modèle économique, et se heurtant parfois à des réflexes corporatistes, la réforme de l'action publique est devenue impossible. Affirmer le seul objectif comptable de diminuer la dépense publique ne fait pas une réforme de l'État mais s'inscrit dans un mouvement néolibéral qu'il conforte. C'est là que se pose la question de la moralité de l'État.

L'État se présente en *Léviathan*, ce monstre en même temps protecteur et destructeur ! S'il est bien ce *Léviathan*, alors il est aussi un « dieu mortel[80] » ! Trop d'État peut tuer l'État, cet État qui distribue toujours plus, qui se trouve seul face aux individus parce qu'il ignore tant la décentralisation que les corps intermédiaires ; cet État dont on se méfie jusqu'à ne plus exercer son droit de vote !

4.1 - Le gagnant de la croissance c'est... l'État

En 1970, le PIB de la France est de 811,5 milliards, en 2019, il est de 2 322,7 milliards d'euros. Dans le même temps, le ratio des « recettes de l'État/PIB » a évolué de 40 % à 52,6 % soit, en valeur, de 324,6 à 1 300,7 milliards d'euros[81]. Autrement formulé, un PIB multiplié par 2,9 a permis à l'État de multiplier ses recettes par 4. La création de richesse nationale n'a pas suffi, il fallait aussi le secours de la dette qui, sur la même période, s'envolait de 20 % à 100 % du PIB. Et, dans le même temps, l'État providence, à bout de souffle, est en crise !

À la question qu'as-tu donc fait de nos talents, L'État répondrait : j'ai fait de la dette ! Il y a, à l'évidence, quelque chose qui n'a pas fonctionné dans la machine de l'État.

Le constat qui était fait de « *Cette économie de marché dans laquelle nous vivons (qui) est de moins en moins so-*

---

[80] Thomas Hobbes (1588-1679) - *Léviathan*, 1651 (chapitre 17 : Des causes, de la génération et de la définition de la république).

[81] INSEE, valeurs en euro 2014.

ciale [...] Quelque chose ne fonctionne plus dans le capitalisme[82] » n'est pas suffisant, si à l'évidence quelque chose ne fonctionne plus dans le capitalisme, il y a autre chose qui ne fonctionne plus, c'est l'État.

La critique faite au néolibéralisme et les appels à sa transformation ne se trompent pas de cible, mais ils oublient que les excès néolibéraux sont aussi le résultat de l'action publique. Les termes du débat ne sont-ils pas, en réalité, que la main trop visible de l'État facilite le jeu de la main néolibérale que l'interventionnisme invisibilise ?

Sortir du néolibéralisme, retrouver une raison sociale, redevenir simplement libéral, n'est possible que si l'État lui-même se transforme en s'affranchissant de ce néolibéralisme auquel il sert de « béquille sociale ». Sortir du néolibéralisme ne peut se faire sans réformer l'État, repenser son périmètre, repenser les politiques publiques dont les effets incitatifs ne sont jamais démontrés à hauteur de ce qu'elles coûtent. Sortir du néolibéralisme doit faire s'interroger sur le coût de la redistribution qui vient comme un placebo sur l'austérité. La réforme de l'État est constitutive de celle du modèle économique.

Le néolibéralisme peut être accusé d'avoir forcé l'État à adapter ses institutions à la règle néolibérale pour faciliter la diffusion des principes de liberté d'entreprendre, de déréglementation des marchés, du libre-échange. À cette accusation, il faut associer des circonstances atténuantes :

---

[82] Déjà cité §25.

il trouvait ici un État fort de siècles de centralisation qui, à l'évidence, a répondu à la sollicitation néolibérale au-delà du souhaitable. L'État centralisateur trouvait, avec l'alibi néolibéral, à conforter encore son omniprésence. Si le néolibéralisme attendait de l'État qu'il mette tout en œuvre pour faciliter la libération de l'économie, l'arsenal étatique de la redistribution, des aides et subventions, de la complexité réglementaire n'a-t-il pas étouffé les principes libéraux pour faire de la société française un système socialisé, un système social cotonneux ou libéral assisté, au service des néolibéraux ?

Voir dans la pensée et la pratique néolibérales les seules causes de tous les maux qu'il faut dénoncer n'est-ce pas, aussi, nier l'Histoire de ce *vieux pays venu du fond des âges*? Le fond des âges de l'étatisation se trouve au XVIIe siècle avec Colbert[83] qui, maître d'ouvrage et maître d'œuvre, met réellement en branle la formidable machine de l'État. Manufactures, normalisation des productions, corps de contrôle et d'inspection et aussi... les impôts et... la dette, déjà. Le colbertisme était né avant Smith ; l'étatisme partait gagnant sur le libéralisme et creusait le sillon néolibéral.

Les intendants, fermiers, officiers et commissaires forment une fonction publique royale qui traversera les âges ; elle se transformera révolutionnaire, puis d'empire avant d'être républicaine avec la IIIe République. À chacune de ces étapes, il fallait affirmer davantage le pouvoir central

---

[83] Jean-Baptiste Colbert (1619-1683).

pour assurer l'unicité et l'indivisibilité du Royaume puis celles de la République. Oui, dans ce vieux pays, l'étatisme est né bien avant le libéralisme, il s'agissait, pour Colbert, de doter le Royaume de France d'une industrie, d'une Marine à même de s'opposer aux Hollandais, de vrais libéraux (avant qu'ils ne deviennent aujourd'hui des frugaux-libéraux).

Lorsqu'il s'est agi de reconstruire, après la deuxième guerre mondiale, il n'y avait d'autre solution que celle d'installer encore davantage une économie administrée. S'il faut reconnaître au CNR le mérite d'avoir inventé la Sécurité sociale (celle-là même qui est, depuis le début des années 1980, en panne et objet de toutes critiques) il faut aussi voir qu'il a grandement participé à conforter encore le rôle omniprésent de l'État et la refondation de l'élite administrative, celle-là même qui est aujourd'hui si critiquée.

Si l'État a été stratège c'est bien dans le domaine de la croissance, mais celui de sa propre croissance. Dans le cours de l'Histoire, l'étatisme a toujours prévalu sur le libéralisme avant de se perdre dans un suivisme néolibéral.

Colbert a façonné l'État et l'économie avant que Smith n'édicte les principes moraux puis ne livre sa *Recherche sur la nature et les causes de la richesse des nations* ; le Front populaire précède le colloque Lippmann ; le CNR précède encore la Société du Mont-Pèlerin. L'histoire se poursuit avec la « société libérale avancée » des années 1970 qui conduit, malgré les directives européennes, à

60 % de taux de prélèvements obligatoires. L'économie française est historiquement, naturellement, socialisée.

L'État a grossi, s'alimentant de ses prélèvements sur la valeur créée, sur la croissance. L'offre de services publics, d'assistance, a créé une dynamique de la demande de prestations publiques, jusqu'à l'étouffement.

4.2 - Le côté trouble des politiques publiques

Bernard Maris ne forçait pas le trait quand il nous interpellait : « *Bonjour à tous, bonjour les assistés. Ce merveilleux pays soviétique – la France – le seul pays soviétique du monde qui fonctionne à peu près correctement et qui vote en général à droite pour rester soviétique*[84]. » Oncle Bernard ajoutait : « *Ceux qui font les politiques sont vraiment pervers.* »

Ils le sont, peut-être malgré eux, en accompagnant la marche néolibérale. Ils le sont avec cette savante comptabilité publique « en partie trouble[85] » . Ils le sont avec la savante mécanique de prélèvements obligatoires associés à l'irréductibilité de la dépense publique. La partie trouble de l'action publique se loge dans ces politiques d'aide à l'emploi qui sont faites d'exonérations et allègements de charges sociales, qu'il faut compenser par d'autres impôts et taxes sans qu'ils soient totalement affectés au budget de

---

[84] Bernard Maris - *Souriez, vous êtes français* - Grasset 2016.

[85] *5 leçons pour penser le social au XXIᵉ siècle*, op.cit.

la « Sécu » ainsi privé de « ses » recettes du fait des allègements de charges sociales. Le trouble n'est-il pas, aussi, dans les politiques d'aide au logement qui participent à l'augmentation des prix de l'immobilier et ont des effets négatifs sur la mobilité, sur l'accès à l'emploi ? Ne se trouve-t-il pas dans la politique de santé qui contingente l'accès aux soins par le numérus clausus des études de médecine et finit par créer les déserts médicaux ? Le trouble n'est-il pas dans les politiques de la ville ou des quartiers qui n'ont fait que conforter ce qu'il s'agissait de corriger ? Ne le trouve-t-on pas dans la politique de métropolisation, qui finit de désertifier le *désert français*[86] ?

Les assistés ne sont pas seulement les salariés, les sans-emploi, les jeunes, les vieux, ce sont aussi les « entrepreneurs ». Ceux-là qui, courant après aides, subventions et allègements de charges, ont succombé aux charmes d'un État-providence pour tous et emprunté, aveuglés, cette *route de la servitude* dénoncée par Hayek. Plus personne ne voit que ces aides ont un coût et qu'il faut le secours de la dette pour les financer. Externaliser le coût du travail, fiscaliser les assurances sociales, c'était accepter que la collectivité finance le risque de l'entrepreneur. On a oublié que redistribuer ne crée pas de richesse.

Oublié jusqu'à faire de la politique industrielle la grande absente des politiques publiques. Il est où le ministère de l'industrie ? C'est aujourd'hui un ministère délégué dépendant de celui de l'Économie, des Finances et de la

---

[86] *Paris et le désert français* - Jean-François Gravier, 1947 - éditions Portulan.

Relance, c'est mieux que le Secrétariat d'État qu'il était il y a peu de temps. Il faut suivre les appellations successives (dont le savoureux « Redressement productif » qui s'est avéré être davantage un aveu de faiblesse qu'une volonté) derrières lesquelles l'Industrie a été savamment cachée pour ne retrouver un ministère de l'Industrie de pleine compétence qu'avec le gouvernement Mauroy.

Fallait-il s'étonner, en mars 2020, de la perte de souveraineté économique ? De la nécessité de relocaliser ? Personne n'en aurait eu conscience avant cette crise sanitaire ? France Stratégie est là qui met le point sur le « I » d'Industrie : « *La France est parmi les grands pays industrialisés celui qui a subi la plus forte désindustrialisation durant les dernières décennies [...] Pendant de longues années, la politique industrielle n'a plus été considérée comme prioritaire en France [...] Les entreprises françaises sont alors devenues les championnes de la délocalisation*[87]. » Et pourtant, peu avant ce cataclysme sanitaire, économique et social, l'agence Business France pouvait claironner : « *La France est le premier pays d'accueil européen des investissements de production et des activités de R&D. Sixième économie mondiale, la France est une économie ouverte aux capitaux et aux talents étrangers. Elle bénéficie d'importants atouts structurels qui facilitent ses performances à l'international: son positionnement géographique, sa puissance commerciale, son capital humain, sa dynamique démographique, la qualité et l'efficience de ses infrastruc-*

---

[87] France Stratégie, « Les politiques industrielles en France Évolutions et comparaisons internationales » - Note de synthèse, décembre 2020.

tures de transports et de télécommunications, la qualité de sa main-d'œuvre et sa qualité de vie[88]. »

Abandon d'une politique industrielle d'un côté et, d'un autre, développement d'une politique d'attractivité pour les investissements étrangers. Voilà un paradoxe qu'il faut ranger parmi les exceptions françaises ! Ce n'est peut-être pas pervers, mais la cohérence mérite d'être expliquée ! La France attractive pour les investissements étrangers et répulsive pour l'industrie nationale ? Comment cela se peut-il avec tous les atouts que ne manque pas de nous rappeler Business France en soulignant que « *La France a significativement amélioré sa compétitivité-coût depuis 2009 et l'évolution des coûts salariaux unitaires est maîtrisée depuis 2012, notamment dans l'industrie, grâce à l'instauration du Crédit impôt compétitivité emploi et du Pacte de responsabilité* ». On ne chicanera pas sur le numéro d'équilibristes que font France Stratégie et Business France quant au poids des prélèvements obligatoires, au coût du travail et s'agissant des effets du CICE. Il n'y a là rien de pervers « Oncle Bernard » ! Il s'agit juste d'éléments de langage et de cosmétique !

4.3 - Et l'État, on le réforme l'État ?

Vaste programme ! L'État se doit d'anticiper l'avenir et de le rendre possible en réunissant les conditions et en mobilisant les acteurs à même de construire ce futur. Il s'y emploie à force de réformes, de la société civile, de l'éco-

---

[88] « Tableau de bord de l'attractivité- 2019 » - Business France, octobre 2019.

nomie, des marchés du travail et de l'emploi, du système éducatif. L'État donc, réforme… sans se réformer.

Pour réformer l'État, faut-il une révolution ? Habitués que nous sommes aux révolutions nous savons qu'il en résulte, toujours, un État encore plus fort. Il faut donc éviter une révolution ! Une crise comme celle qui résulte de la pandémie de Covid-19 est-elle l'opportunité de cette réforme ? On peut l'espérer mais ce « *L'État a tenu* » du président de la République à l'issue du premier confinement peut faire craindre que l'ambition jusque-là affichée de modernisation de l'action publique ne soit à son tour oubliée.

Les annonces de réformes de l'action de l'État n'ont pas manqué. Ce qui a manqué, jusqu'ici, ce sont des résultats. L'État est aujourd'hui partout : il édicte des normes qui entravent, alors il invente des exceptions à la norme ou bien des calendriers extensifs de sa mise en application. L'État est énorme et s'entrave lui-même ; il donne le change par la stratégie du sursaut et de l'action immédiate, réactive, trop souvent curative. Il est énorme et *statutifié*. Presque six millions d'agents publics pour 25,5 millions de salariés. L'action publique ignore l'externalisation, la sous-traitance : c'est un « *choix de gestion*[89] » que de ne pas y recourir ! N'est-ce pas davantage qu'un choix de gestion, un choix de société, qui s'est fait par glissements progressifs ?

---

[89] France Stratégie - Note de synthèse, décembre 2017, « Comment la France se compare-t-elle en matière d'emploi public ».

« *L'État réglemente toujours dans les moindres détails l'ensemble des domaines de la société civile, vidant ainsi le dialogue social de son contenu, entravant la concurrence, favorisant le corporatisme et la défiance* », l'observation critique était faite par la Commission Attali (2008) qui concluait : « *Au-delà de l'État, l'ensemble des acteurs de la société française doit être mobilisé. Les partenaires sociaux, les entreprises, chaque citoyen doivent se saisir des conclusions de la commission et participer à ce travail. Ce projet ne vivra pas sans cette appropriation forte par le plus grand nombre.* » C'est là que le sujet prenait sa pleine dimension : il fallait que l'État associe, mobilise, les acteurs économiques et sociaux. Une dimension telle que ce rapport pour la libération de la croissance française s'est heurtée à une première réalité : l'Administration !

Rappelons-nous, aussi, l'accueil fait à un précédent rapport, présenté au Conseil d'analyse économique, en 1999, par le professeur Jean-Jacques Laffont : « *Étapes vers un État moderne. Une analyse économique* » : intituler son rapport « Étapes vers un État moderne » c'était, à l'évidence, courir le risque de le voir enterré ; ce fut fait, il n'était pas accepté par les serviteurs de l'État, les anciens l'emportaient sur les modernes ! Les exemples peuvent être multipliés qui semblent démontrer l'impossible réforme de l'action publique. Le rapport Borloo rapidement enterré à peine remis au président de la République en est un des derniers exemples. Jean-Louis Borloo[90] a-t-il eu

---

[90] « Vivre ensemble, vivre en grand, pour une réconciliation nationale » - 2018.

le tort de dire dans sa conclusion qu'il avait compris que
« *nous avions un problème majeur dans l'affectation des
moyens intellectuels et financiers de l'État [...] L'exemple
du ministère de l'Économie et des Finances en est une illustration, composé de fonctionnaires bien formés, de qualité,
dévoués et intègres, on ne peut que s'interroger sur une telle
concentration de talents : trois fois plus que la moyenne européenne pour trois fois moins de magistrats !* »

Alors, oui, quand il s'agit de réformes, il faut comprendre
« réformons la société civile ». Quand il s'agit d'économies,
il faut comprendre que ce sont des dépenses sociales dont
on parle. Réforme de l'État ? Économies et gains de productivité à faire dans la « production administrative » ? Il
faut comprendre que ces discours-là sont comme la brochure de présentation d'une maison témoin. Dans cette
brochure, c'est au paragraphe « trajectoire des finances
publiques » que l'on trouve le morceau de bravoure avec
des formulations telles que « la baisse tendancielle de
l'augmentation de la dépense publique » ! Si l'on traduit
cette novlangue[91], baisse tendancielle de l'augmentation
ne veut rien dire d'autre que « augmentation continue »
mais avec l'objectif de faire comprendre que tout cela est
maîtrisé. L'emploi public, volumineux mais pas toujours
alloué où il faudrait, serait-il l'explication de cette inca-
pacité à réformer ?

---

[91] *Comme on nous parle. L'emprise de la novlangue sur nos sociétés* - Jean-Paul
Fitoussi, Les Liens qui libèrent - septembre 2020.

Issu du Grand débat de 2019, un autre rapport[92] chiffrait à hauteur de 25 milliards d'euros par an les économies pouvant résulter de l'externalisation de certaines des missions publiques mais, on l'a vu, c'est un *choix de gestion* que de ne pas externaliser ! Affirmer ce choix de gestion, c'est rendre inopérante toute comparaison pour revendiquer une remarquable exception française.

De quoi l'impossible réforme de l'État est-elle le nom ? D'une perversité, comme nous le dit Bernard Maris, du simple « côté trouble » des politiques publiques qui ont conduit à un inextricable embrouillamini ? D'un formidable effectif d'agents publics qui ne sont pas toujours là où il faudrait ? Elle est peut-être avant tout le nom de notre préférence pour l'étatisation qui résulte d'une accoutumance lentement acquise.

4.4 - Moralité de l'État, restaurer la confiance dans les institutions démocratiques, reconstruire la démocratie sociale

Il ne suffit pas de réduire le périmètre de l'action publique ni le niveau des effectifs sous statut pour réformer l'État. Il ne suffit pas non plus de moderniser la gestion publique en transposant des pratiques managériales qui sont des instruments du néolibéralisme (cf. 61 infra).

---

[92] Rapport présenté par les sociétés de conseil Altermind et WebHelp - mars 2019.

ET LA MORALITÉ L'ÉTAT ?
L'URGENCE DE LA QUESTION !

Souvenons-nous de l'enseignement de Hobbes : ce qui rend mortel le Léviathan, c'est le jugement que l'on porte sur les institutions, sur leur imperfection, c'est le jugement que chacun porte sur ce qui est bien ou non ! Il ne fallait pas attendre ni la crise sanitaire, ni avant elle ce mouvement des Gilets jaunes pour percevoir le degré de défiance vis-à-vis des institutions. Le niveau de la participation aux diverses élections, l'expression de défiance vis-à-vis des élus, le délitement des partis politiques, le rêve d'une Sixième République sont autant de signaux, pas vraiment faibles, qui devaient faire prendre conscience de l'urgence à restaurer la confiance dans les institutions. Prendre conscience de ces signaux doit faire de la restauration de la confiance des citoyens dans les institutions la mère des réformes avant de vouloir réformer l'État.

Restaurer la confiance ce pouvait être, plus récemment, ce à quoi engageait le constat fait par la mission Thiriez dans son rapport sur la haute fonction publique (janvier 2020) : « (Un) *climat préoccupant de perte de confiance entre les citoyens et leurs « élites », politiques ou administratives, s'est installé, qui fait que le doute s'installe sur l'action publique dans son ensemble.* » Mais n'y avait-il pas dans cette formulation comme un refus de voir vraiment sur quoi porte le doute quand il est compris comme reposant, non pas sur les institutions ni l'action publique, mais tout entier sur les hommes et les femmes, qui servent l'État ? Tour de passe-passe ? Pas vraiment, mais s'il y a perte de confiance dans le personnel politique et administratif que cela n'exonère pas de repenser l'action publique en retrouvant la raison d'être de l'État avant de réformer les conditions d'accès à la haute fonction publique !

La réforme de l'État pour une action publique soucieuse de morale est une ardente obligation si l'État veut se survivre. Ce qui *ne fonctionne plus dans le capitalisme* résulte, significativement, des institutions. L'État s'est fait acteur économique, un acteur économique « ex post » qui corrige davantage qu'il ne régule et dont les mesures d'incitation n'ont trop souvent pour effet que des effets d'aubaine. Agissant ainsi, l'État est comme pris au piège d'un interventionnisme qui facilite les excès du néolibéralisme. L'État n'est pas seulement endetté, il devient immoral. Pour retrouver les principes moraux et revenir aux valeurs du libéralisme, ce libéralisme politique des origines qui serait enrichi des leçons du progrès économique et social, il faut aussi apprendre de l'économie institutionnaliste[93] pour « *replacer le collectif au centre de l'analyse économique*[94] ».

« *Dans une société progressiste caractérisée à la fois par des réformes de redistribution et un progrès économique, puisque ces deux types de changement sociaux se renforcent*

---

[93] Gunnard Myrdal (1898-1987) - sources : « Gunnar Myrdal - L'économie comme science morale », Ludovic Frobert et Cyrille Ferraton, cités et « Institutionnalisme et économie des conventions : Recherches sur le positionnement méthodologique des théories ». J. Vercueil CEMI (EHESS). Octobre 1996 in *Économie et société* - octobre 1997. G. Myrdal reçoit le prix Nobel d'économie en 1974, partagé avec F. Hayek. Voir infra. Chapitre 5-52

[94] J. Vercueil, ibid.

*mutuellement par voie de causalité circulaire, l'amélio-
ration du sort des pauvres peut souvent s'accomplir sans
impliquer de sacrifices importants pour ceux qui bénéficient d'une plus grande aisance, et il arrive parfois que
cette amélioration ne soit pas seulement compatible avec la
hausse des niveaux dans toutes les catégories de revenus, y
compris les plus élevées, mais en soit même une condition.* »
(G. Myrdal, cité par Ludovic Frobert et Cyrille Ferraton
in « Gunnar Myrdal - L'économie comme science morale », in Économie politique - 2003/4).

Redécouvrir Gunnar Myrdal, sans « plonger » dans un
encore plus de socialisation, ce serait se doter de l'appareil
permettant de redéfinir le champ et la mission de l'action
publique. Comme le fera Galbraith, Myrdal dénonce le
discours économique orthodoxe : les vérités que ce discours affirme ne sont que des *croyances* qui font considérer comme nécessaire la dépense publique quand elle
profite aux plus aisés, aux mieux placés, et comme néfaste
quand elle est politique sociale au bénéfice des moins
bien lotis. Ce discours-là n'est pas seulement discours
d'économistes, il est devenu un discours politique. Ce
discours c'est, avec les mots de Ludovic Frobert et Cyrille
Ferraton, « *une rationalisation des intérêts conservateurs
de la société* ». Redéfinir les politiques publiques en écou-
tant la leçon de Gunnar Myrdal (*il arrive parfois que cette
amélioration (du sort des plus pauvres) ne soit pas seulement compatible avec la hausse des niveaux dans toutes les
catégories de revenus, y compris les plus élevées, mais en
soit même une condition*) c'est inverser la théorie du ruissellement ! Voilà bien une méthode qui n'a pas encore

été essayée. Trouve-t-elle un écho avec les « Ségur de la santé » et les promesses faites aux indispensables des premières lignes ? De façon moins émotionnelle, elle trouve un écho quand l'austérité salariale et la « mécanique » qui en est la cause sont dénoncées (voir infra. Chapitre 6- Recherches sur la nature et les causes de la richesse des nations - Payer le juste prix économique ou le coût de la redistribution ?).

Restaurer la confiance dans les Institutions, c'est aussi s'appliquer à affirmer le rôle, non seulement politique mais surtout social, des Institutions représentatives élues et des corps intermédiaires quand ils sont critiqués. C'est tout le contraire qui est fait quand le politique fait prévaloir la primauté bureaucratique opportunément appuyée par le recours à une forme de démocratie directe qui participe, de fait, à saper encore davantage la confiance accordée et la crédibilité reconnue à ces Institutions. La démocratie directe joue contre la démocratie, elle joue à *faire comme si* tout en s'affranchissant des règles de représentativité du corps social. En agissant ainsi, en voulant apporter une réponse à une demande d'expression populaire, le pouvoir exécutif se retrouve seul face à tout, face à tous !

L'État seul ne peut pas tout. Le contrat républicain, parce qu'il est contrat, requiert l'adhésion de deux parties pour être le ciment de la Nation. Réformer les structures bureaucratiques de l'État sans vouloir redonner leur place aux Institutions représentatives, sans reconstruire le cadre d'une démocratie sociale reconnaissant à ses acteurs les moyens de l'exercer et sans les responsabiliser c'est, une fois encore, faire prévaloir une démarche toute technocratique. Les corps intermédiaires, avant d'être le niveau intermédiaire de la revendication, constituent les lieux de construction du lien social. Suspectés d'un corporatisme congénital, ils semblent aujourd'hui encore victimes d'une loi Le Chapelier non dite qui s'appliquerait à ce qu'il n'y ait plus « *de corporations dans l'État ; il n'y (ait) plus que l'intérêt particulier de chaque individu et l'intérêt général. Il (ne soit) permis à personne d'inspirer aux citoyens un intérêt intermédiaire, de les séparer de la chose publique par un esprit de corporation* ». En s'exprimant ainsi, Isaac le Chapelier (14 juin 1791) portait un discours qu'il ne savait pas être proto-néolibéral et dont l'expression actuelle se trouve dans la part subsidiaire faite aux partenaires sociaux et au dialogue social. Qu'en résulte-t-il ? Les « collectifs », les « ronds-points », un « grand débat »… et, en même temps, l'affirmation d'un corporatisme d'État.

Pour réformer l'État, un autre sujet doit être mis à la discussion, celui du Droit.

Le néolibéralisme a participé à façonner les Institutions, mais l'observation force à constater qu'il l'a fait de façon différenciée. Le Droit, les Droits du Commerce, du Travail, les réglementations bancaires… sont dénoncés ici comme pénalisants pour l'activité économique quand ils sont ailleurs, dans des pays plus néolibéraux, perçus comme favorisant les activités économiques et la création de richesses. L'analyse économique, qu'elle soit orthodoxe, hétérodoxe voire atterrée, ne suffit pas. Elle permet de qualifier une performance économique : les Anglo-Saxons « performent » économiquement mieux que les « Latins ». Le cadre institutionnel (le Droit) s'affirme alors comme un déterminant majeur de l'Économie[95,96] et la tentation est alors grande de transposer ici un modèle juridique qui participe là-bas à la création de richesses. L'analyse économique du droit devrait inviter, aussi, à considérer autant l'effet des Institutions sur le niveau de la performance économique que sur celui de la performance sociale. Ce serait une façon d'interroger encore la moralité des États.

[95] Douglass Cecil North (1920-2015) prix Nobel d'économie (1993) avec Robert Frogel. Fondateur, avec Ronald Coase, de la Société internationale pour la nouvelle économie institutionnelle. Le cadre institutionnel détermine la capacité à créer la valeur (revenu) davantage que la géographie (les ressources naturelles) et la participation à l'économie mondiale (le commerce).

[96] « La primauté des institutions », IMF working paper, novembre 2002 - Dani Rodrick, Arvind Subramanin et Francesco Tribbi.

Chapitre 5

LES VOIX D'UN RETOUR À LA RAISON

L'avertissement de Schumpeter, qui annonçait l'avènement d'un socialisme terre à terre, la bureaucratisation
des grandes firmes et le recours toujours répété à l'État
n'a pas été entendu. La croyance dans la destruction créatrice, porteuse d'avenir, l'a emporté.

Galbraith[97] pouvait en conséquence actualiser l'avertissement de Schumpeter en posant le constat critique de
L'ère de l'opulence, en 1958, puis celui d'une *République
des satisfaits* en 1992. Il pouvait alors, avec *Pour une société meilleure : un programme pour l'humanité*[98] (1996),
laisser comme un testament encore aujourd'hui d'une
terrible actualité : les inégalités qui s'aggravent sont in-
tolérables et fragilisent les démocraties. La croissance
économique n'est pas en cause, elle est nécessaire pour
retrouver une société plus juste qui garantisse la liberté,
des revenus à hauteur des efforts et qui doit permette une
vie convenable. Ce qui est en cause, c'est le catéchisme

---

[97] J. K. Galbraith (1908-2006). Voir « Portraits. L'économiste irritant, le
penseur social ».

[98] *L'ère de l'opulence, La République des satisfaits* et *Pour une société meilleure*
in *Galbraith - Économie hétérodoxe* - Seuil, août 2007.

de l'économie orthodoxe, ces croyances, récitées par les satisfaits.

Pour sortir du néolibéralisme et se débarrasser de ses prothèses étatiques, le constat, parfois trop dogmatique, et la critique, souvent trop idéaliste, ne suffisent pas. Le rejet, par principe, de la croissance et l'affirmation d'une juste répartition de la richesse ne suffisent pas à faire *une société meilleure*. Il faut détricoter le discours orthodoxe et porter la voix d'un retour à la raison qui propose des outils de mesure à même de réconcilier croissance économique et progrès social. Il faut écrire un nouveau catéchisme qui affirme les responsabilités de chacun, celles de l'Économie, celles des Institutions, celles de l'individu. Il faut affirmer qu'un État social a besoin d'une économie qui crée de la valeur et non pas que l'économie a besoin d'un État qui se présente comme social quand il n'est plus qu'un réparateur déficient appliqué à redistribuer.

5.1 - Les bonnes intentions…

Les économistes : Performance économique et progrès social

La commission Stiglitz, Sen, Fitoussi[99] peut être prise comme référence des récentes bonnes intentions. La commission pour la Mesure des performances économiques et du progrès social installée en 2008 avait pour mission *« de déterminer les limites du PIB en tant qu'indicateur des*

---

[99] www.vie-publique.fr

performances économiques et du progrès social, de réexa-
miner les problèmes relatifs à sa mesure, d'identifier les in-
formations complémentaires qui pourraient être nécessaires
pour aboutir à des indicateurs du progrès social plus per-
tinents, d'évaluer la faisabilité de nouveaux instruments
de mesure et de débattre de la présentation appropriée des
informations statistiques ».

Croissance et progrès social c'est ce pour quoi le président
de la République (Nicolas Sarkozy) voulait faire évoluer
l'outillage statistique afin que les décisions de politique
publique prennent mieux en considération les « angles
morts sociétaux » ignorés par le PIB. Il ne s'agissait pas
pour la commission de proposer des réformes du capitalisme ni d'évaluer la pertinence des politiques publiques.
Il s'agissait de faire évoluer l'outillage statistique, de proposer « *de meilleurs outils de mesure (pour) nous permettre*
de mieux diriger nos économies ». Il est savoureux de lire ce
que la Commission écrivait, insistant sur l'urgence, lors
de la remise de son rapport en 2009 : « *Entre le moment*
où la Commission a engagé ses travaux et celui de l'achève-
vement de son rapport, le contexte économique a radica-
lement changé. Nous traversons à présent l'une des pires
crises financières, économiques et sociales de l'après-guerre.
Les réformes des instruments de mesure recommandées par
la Commission seraient des plus souhaitables même en
l'absence de cette crise. Cependant, certains membres de
la Commission pensent que cette dernière leur confère une
urgence accrue. »

La réponse à la crise de 2008-2009 fut, hormis l'édiction de nouvelles règles prudentielles, de faire en sorte que les *too big* ne tombent pas. La réponse venait conforter les excès, causes de la crise.

Alors que nous traversons, une nouvelle fois en 2020, non pas l'une mais LA pire des crises économique et sociale d'après-guerre, il faut regretter que la décennie écoulée n'a pas permis de développer ce nouvel outillage de mesure à même de mieux préparer et piloter l'action publique. Et pourtant l'un des messages de la Commission n'était-il pas « *qu'il est temps que notre système statistique mette davantage l'accent sur la mesure du bien-être de la population que sur celle de la production économique, et qu'il convient de surcroît que ces mesures du bien-être soient resituées dans un contexte de soutenabilité* » ?

Après un an de Gilets jaunes et au moment de la pire des crises depuis la deuxième guerre mondiale, il faut regretter que l'une au moins des recommandations de la Commission n'ait pas eu de suite : « *La qualité de la vie dépend des conditions objectives dans lesquelles se trouvent les personnes et de leurs "capabilités" (capacités dynamiques). Il conviendrait d'améliorer les mesures chiffrées de la santé, de l'éducation, des activités personnelles et des conditions environnementales. En outre, un effort particulier devra porter sur la conception et l'application d'outils solides et fiables de mesure des relations sociales, de la participation à la vie politique et de l'insécurité, ensemble d'éléments dont on peut montrer qu'il constitue un bon prédicteur de la satisfaction que les gens tirent de leur vie.* » Mesurer les conditions objectives dans lesquelles se trouvent les personnes, améliorer les mesures chiffrées de la santé et des conditions environnementales, pour ne reprendre que celles-ci des propositions « Stiglitz, Sen, Fitoussi », n'aurait-il pas permis d'éviter, ou d'amoindrir, ce qui est advenu avec les « bonnets rouges », avec les « Gilets jaunes » ? L'action publique est restée centrée sur la soutenabilité budgétaire, a privilégié les taxes (punitives davantage qu'incitatives), ignoré l'état du système de santé et vu sa responsabilité environnementale mise en cause.

Les bonnes intentions de 2008 n'ont pas été tenues, mais il y a eu des incitations à la responsabilisation de l'entreprise. Il y a eu, surtout, de la dépense publique. Elles ont eu quelques échos et effets et une prise de conscience sous la force des faits. Il y a eu un Plan de lutte contre la pauvreté, une loi PACTE et aussi un budget de l'État « vert » (PLF 2021).

L'État, la loi et la responsabilité des entreprises

Messieurs Stiglitz, Sen et Fitoussi retrouveraient-ils, traduits dans la loi PACTE, des « bouts » de l'ambition qu'ils formulaient dans leur rapport ?

Le Plan d'action pour la croissance et la transformation des entreprises se présente comme une suite donnée à la commission Attali[100] ainsi qu'à la « commission Stiglitz »

---

[100] « Commission pour la libération de la croissance française » - 2007-2008 puis, en 2010, une commission Attali - « acte 2 » visant à dresser le bilan des actions issues du rapport de 2008 et à proposer des actions de sortie de crise.

en affirmant l'objectif de mieux partager avec les salariés la valeur créée[101] par les entreprises et de mieux prendre en considération les enjeux sociaux et environnementaux dans leur stratégie. S'il reste à inventer et faire accepter l'outillage statistique pour appréhender ces enjeux sociaux et environnementaux, un bilan des « *engagements à partager une partie de la plus-value* » serait instructif.

Les débats sur ce PACTE se sont faits, nourris, pour arriver à formaliser une définition nouvelle de l'entreprise. Au-delà de son objet social – faire du profit – l'entreprise quand elle est pactée doit identifier les enjeux sociaux et environnementaux conséquents de son activité et définir les voies et moyens pour y répondre. En se dotant d'une raison d'être, l'entreprise choisit de faire de son objet social un projet responsable, un projet de long terme. Elle choisit, elle n'est pas contrainte, car ce volet du PACTE n'est pas une obligation.

L'État avait donc légiféré, prévoyant une règle… optionnelle. L'entreprise pouvait choisir d'être, ou non, à mission, se fixant une « raison d'être » qui dépasse celle de maximiser ses profits. L'organisation représentative des employeurs se dotait d'une raison d'être en retenant pour elle-même de devoir « *Agir pour une croissance responsable* ». Tout n'est-il pas dit, avec un formidable sens de la

---

[101] Article 162 de la loi PACTE « Tout détenteur de titres d'une société peut prendre, vis-à-vis de l'ensemble des salariés de celle-ci, l'engagement de partager avec eux une partie de la plus-value de cession ou de rachat de ses titres au jour où il en cédera ou rachètera tout ou partie. »

synthèse, par cette formulation ? Cela fait-il retrouver au mot « patron » une part de son sens de « protecteur » non seulement de ses actionnaires mais aussi de l'ensemble de ses parties prenantes ?

La raison sociale a été dite par d'autres, de façon plus explicite. Ainsi d'une multinationale de l'agroalimentaire qui devient entreprise à mission avec « *l'apport de la santé par l'alimentation au plus grand nombre* » en se fixant comme objectifs « *d'améliorer la santé, préserver la planète et renouveler ses ressources, la construction du futur avec ses équipes ou encore la promotion d'une croissance inclusive* ».

Le caractère facultatif de la qualité d'entreprise à mission a été bien compris : une soixantaine de sociétés seulement avaient opté pour cette qualité fin 2020, malgré l'exemple de leur organisation la plus représentative.

La possibilité de s'engager à partager la plus-value semble avoir été comprise de la même façon : la représentation patronale refusait, en 2020, de voir inscrite à l'agenda social proposé par le gouvernement la question du partage de la valeur, de l'intéressement, de la participation et de l'actionnariat salarié.

Il faut voir dans la difficile émergence de la responsabilité sociale de l'entrepreneur, l'inévitable conséquence de dispositions législatives optionnelles. Et, que faut-il voir dans le caractère optionnel de ces dispositions législatives ? Une demi-morale, de la prudence, de la politique ?

5.2 - Des bonnes intentions qui font leur chemin

Les critiques faites au Prix de la Banque de Suède en sciences économiques en mémoire d'Alfred Nobel, ce « prix Nobel d'économie » créé en 1968, sont illustratives de ces bonnes intentions qui font leur difficile chemin.

Ce qui est intéressant pour notre sujet n'est pas que ce prix Nobel ait été critiqué parce que non couché par Alfred Nobel dans son testament. La critique qui lui a été faite et qui nous intéresse est celle qui vise les lauréats des premières années. Ces premières années du Nobel d'économie semblent avoir été dédiées à l'économie néolibérale et la science économique ne pas exister hors l'école de Chicago ! La Banque de Suède, par le moyen de ce prix, aurait donné au néolibéralisme une tribune, une légitimité et un instrument de propagande bien plus efficace que la Société du Mont-Pèlerin !

Ces critiques se sont-elles traduites par une « bonne intention » du comité qui finit par modifier sa composition et ouvrir son champ aux domaines de la science politique, de la sociologie? Le fait est que les « bonnes intentions », éloignées de la doxa ultralibérale, qui venaient nourrir la pensée économique, trouvaient à accéder au Nobel d'économie. C'était Amartya Sen (en 1998, pour sa contribution à l'économie du bien-être), plus récemment Angus Deaton (Royaume-Uni et université de Princeton) lauréat 2015 pour ses analyses de la consommation, de la pauvreté et du bien-être (et qui au début de la pandémie de la Covid-19 alertait sur l'aggravation des inégalités qu'elle allait générer). Ce sont ensuite William Nordhaus (EU, université de Yale) en 2018 pour avoir intégré le changement climatique dans l'analyse macroéconomique puis, en 2019, Abhijit Banerjee, Esther Duflo (EU, EU-Fr, MIT) avec Michael Kremer (EU, Harvard) pour leur approche expérimentale sur la meilleure façon de réduire la pauvreté.

Mais peut-être est-ce en 1974 que l'Académie prenait conscience en décernant son prix à deux économistes que tout opposait : Gunnar Myrdal et Friedrich Hayek, un économiste social et un néolibéral. Il se dit que craignant d'être accusée de favoritisme en attribuant le prix à Myrdal, suédois, l'Académie optait en opportunité pour joindre Hayek, ce qui fâchait grandement Myrdal dont les travaux étaient, de fait, occultés.

La courte histoire du Prix de la Banque de Suède en science économique en mémoire d'Alfred Nobel illustre, à sa façon, que les « bonnes intentions » font leur bout de chemin, participant à réintroduire les idées de justice, de morale, ignorées par le néolibéralisme mais présentes aux origines du libéralisme.

L'académisme ne suffit pas pour faire avancer la science économique mais peut-être cette évolution du Prix de la Banque de Suède en science économique en mémoire d'Alfred Nobel a-t-elle été facteur de ruissellement des idées jusqu'à intéresser les cénacles les plus ultralibéraux.

En 2019, la très critiquée Business Roundtable[102] puis le très suspecté forum de Davos déclaraient que l'entreprise devait se fixer l'objectif d'investir durablement dans ses employés et aider les communautés parties prenantes !

Le patron de Microsoft, lui, disait qu'il fallait revoir la façon de penser le capitalisme, qu'il fallait repenser l'éthique de l'entreprise, ne plus « *jurer que par le chiffre d'affaires* ». Si c'est là l'expression d'une « raison d'être » voilà qui éclaire, de belle façon, celle affichée par la représentation patronale française ! Voilà qui donne à la comprendre car pour Microsoft, pour le Business Round table, il s'agit de s'attacher à mesurer la réussite au regard des emplois créés, de l'impact de l'entreprise sur son environnement économique, sur l'Environnement. Si c'est là une « raison d'être » qui s'exprime, elle donne à comprendre les enjeux pudiquement cachés de celle du Medef dont le sens de la synthèse vise, certainement, à ne pas effaroucher ses adhérents.

Ce sont les crises économiques qui ont fait l'histoire de la pensée néolibérale (et celle des « luttes ouvrières »). Celle de 2008 a rendu nécessaire de prendre en considération l'impact social qui s'ajoutait à l'impact environnemental, considération que la soft law tentait d'imposer sous

---

[102] Créé en 1972, le Business Roundtable regroupe les CEO des plus grandes entreprises US. Il a pour but de « faire entendre la voix des actionnaires », de s'opposer aux lois anti-trust, aux lois sur le travail. En 2019, 181 des CEO membres signent une déclaration, déterminant la nouvelle orientation du Business Round Table. Cette déclaration engage à fournir de la valeur aux clients, investir dans les employés, traiter équitablement et éthiquement les fournisseurs, soutenir les communautés dans lesquelles ils travaillent, protéger l'environnement, générer de la valeur à long terme pour les actionnaires.

l'acronyme de RSE. Considération pour laquelle Stiglitz, Sen et Fitoussi proposaient la boîte à outils afin qu'elle passe du stade de la réflexion à celui de l'action.

L'ultralibéralisme d'un Friedman qui affirmait comme seul objectif de l'entrepreneur celui de maximisation du profit sans autres considérations a-t-il fait son temps ?

Les crises économiques et sociales résultant du Sars-Cov2 peuvent-elles jouer comme salutaire accélérateur de cette prise de conscience et faire retrouver la passion sociale d'Adam Smith ? Faut-il craindre que ces objectifs, encore assez peu partagés et timidement traduits opérationnellement, ne soient emportés, étouffés, autant par la nécessité de la relance que celle de reconstituer la solvabilité et les marges des entreprises ? Faut-il craindre aussi que l'État, parce qu'il a tenu, fera prévaloir sa mission d'assistance ?

Les bonnes intentions ne font, souvent, que « paver l'enfer »…

5.3 - *Des bonnes intentions qui manquent de « mesure » !*

L'accouchement difficile de la « raison sociale »

Tout ce qui se mesure s'améliore et ce qu'il manque à ces bonnes intentions c'est l'instrument de mesure de création de la valeur quand elle n'est plus seulement celle au bénéfice de l'actionnaire. La responsabilité sociale et environnementale de l'entreprise n'a pas encore de valeur ni comptable ni financière ; la comptabilité, privée et publique, ignore la RSE. Si la raison sociale fixe à l'entreprise des objectifs autres que le profit pour l'actionnaire comment la traduire dans les comptes ? Tant qu'elle restera « extracomptable », vantée dans des rapports annexés aux comptes, elle n'a pas de valeur, si ce n'est celle d'être un coût, une charge que seule traduit la, bien nommée, comptabilité générale.

Sans instrument de mesure, la raison sociale est infirme, elle ne pourra pas prospérer, elle est sans valeur, elle est non marchande, elle est coûteuse ! Cela vaut autant pour l'entreprise que pour l'État. Les comptes sociaux de la Nation restent, après le *quoi qu'il en coûte* et après que les dépenses sociales ont été qualifiées de « *biens précieux*[103] », des charges, des coûts.

L'exemple récent (mars 2021) de Danone l'illustre. Optant pour la qualité d'entreprise à mission, Danone affirmait sa raison d'être en retenant l'objectif d'améliorer la santé, préserver la planète et renouveler ses ressources (cf. supra 5.1). Autant d'objectifs bien plus difficilement mesurables que le résultat financier ou la marge opérationnelle qui, fin 2020, n'étaient pas conformes aux attentes de fonds activistes actionnaires ! Le *triple bottom line*, mesure de la performance économique, sociale et environnementale, était le prétexte tout trouvé pour les fonds actionnaires de mettre en cause le PDG qui avait promu la conciliation de l'économique, du social et de l'environ-

---

[103] Adresse du président de la République aux Français, 12 mars 2020.

nemental comme *raison d'être*! À l'évidence, la proposition numéro 9[104] du rapport *L'Entreprise objet d'intérêt collectif*[105], rapport qui instruisait la difficile gestation de la loi Pacte, n'a pas eu d'écho et la *triple bottom line* reste un slogan.

Mais il faut voir que des fonds activistes éthiques se créent qui semblent pouvoir inciter, ou forcer, à repenser le capitalisme néolibéral à considérer autre chose que le seul profit pour l'actionnaire. Au moment où Danone semble illustrer l'échec de l'entreprise à mission « à la française », de l'autre côté de l'Atlantique des fonds activistes éthiques attaquent Wall Street et s'affirment en tant que « *société d'investissement spécialement conçue pour créer de la valeur à long terme en exploitant le pouvoir du capitalisme. Nous croyons que le rendement d'une entreprise est grandement amélioré par les investissements qu'elle fait dans les travailleurs, les collectivités, l'environnement*[106] ». Ces fonds éthiques qui attaquent Wall Street ciblent les firmes

---

[104] Recommandation n°9: engager une étude sur le comportement responsable de l'actionnaire, dans la continuité de la réflexion enclenchée sur l'entreprise. Il n'y a pas d'entreprise responsable sans investisseur responsable. Le rapport du groupe de travail européen sur la finance durable ouvre des pistes intéressantes. Dans la continuité de la réflexion sur l'entreprise, une étude pourrait également être lancée sur le rôle de l'actionnaire et certaines pratiques, comme le prêt d'actions.

[105] Rapport de Nicole Notat et Jean-Dominique Sénart- 9 mars 2018, remis aux ministres de la Transition écologique et solidaire, de la Justice, de l'Économie et des finances, du Travail. www.economie.gouv.fr.

[106] Site web du fonds éthique Engine N°1.

les plus représentatives de l'aveuglement néolibéral dont ils dénoncent les excès.

L'émergence d'une « conscience écologique » moteur d'une prise de conscience sociale ?

La transition énergétique et écologique semble se présenter mieux outillée que ne l'est la raison sociale.

Avec le « budget vert » pour 2021, l'État s'inscrit dans une démarche volontariste, motivée à l'évidence par un objectif politique fondement, encore fragile, d'une politique publique. Le budget de l'État étant, par nature, un coût, les actions identifiées comme « vertes » sont des dépenses mais elles sont là identifiées, mesurées. Le Rapport sur l'impact environnemental du budget de l'État, joint aux documents du PLF 2021[107], détaille ainsi que 52,8 milliards

---

[107] www.economie.gouv.fr - Budget vert, la France premier pays au monde à mesurer l'impact environnemental du budget de l'État - « Les origines de la budgétisation environnementale ». La mise en œuvre d'une budgétisation environnementale procède d'une double démarche. Ce travail s'inscrit dans le cadre de l'initiative de l'OCDE « Paris collaborative on Green Budgeting », lancée avec le soutien et la participation de la France lors du One planet summit de décembre 2017. La contribution de la France consiste en la mise en place d'une « budgétisation verte » permettant d'évaluer la compatibilité du budget de l'État aux engagements internationaux de la France, en particulier l'accord de Paris, dans le cadre duquel la France s'est engagée à réduire ses émissions de GES de 40 % en 2030 (par rapport à 1990) pour viser la neutralité carbone en 2050. La France est l'un des premiers États à concrétiser ce travail innovant et, par la publication du présent rapport, est le premier pays à réaliser un tel exercice de cotation à l'échelle du budget de l'État. Cette démarche novatrice est en outre une réponse à la demande de plus grande transparence de l'information en matière environnementale, émanant à la fois du Parlement, de la société civile et des citoyens… ».

d'euros de dépenses budgétaires et fiscales (sur un total de 574,2 milliards d'euros) ont un impact sur l'environnement. « *Les dépenses dites "vertes" [...] atteignent 38,1 milliards d'euros en PLF pour 2021 [...] On distingue ensuite 4,7 milliards d'euros de dépenses « mixtes » qui sont favorables à l'environnement sur au moins un axe mais qui ont des effets négatifs sur un ou plusieurs autres axes [...] Les dépenses au moins une fois favorables à l'environnement en 2021 atteignent ainsi 42,8 milliards d'euros [...].* » À juste titre, le rapport n'omet pas de préciser que « *la cotation environnementale défavorable d'une dépense ne suffit pas à conclure à la nécessité de la supprimer, si elle répond à des besoins avérés d'une intervention publique au bénéfice d'une autre politique publique jugée prioritaire comme par exemple : la sécurité de la population, l'aménagement équilibré du territoire, l'accès équitable aux services publics, la disponibilité de produits de première nécessité etc.* »

La comptabilité se présentant en parties doubles, elle invite à rapprocher ces 42,8 milliards d'euros de dépenses publiques, identifiées comme ayant un impact favorable à l'environnement, des 44 milliards d'euros[108] apportés au budget de l'État par les taxes sur la consommation d'énergie. Le rapprochement comptable révèle que « ça ne balance pas » : l'intégralité de ce que rapportent les taxes sur la consommation d'énergie ne se retrouve pas investie dans les dépenses vertes !

---

[108] Rapport sur l'impact environnemental du budget de l'État.

Ce premier « budget vert » est un pas significatif dont il faut prendre acte, il est « *un premier jalon structurant en ce qu'il présente la cotation environnementale des crédits budgétaires et des dépenses fiscales inscrits en PLF pour 2021, permettant de mettre en évidence les dépenses dont l'impact est favorable, neutre ou défavorable sur les différents objectifs environnementaux ainsi que la part qu'elles représentent dans la dépense totale de l'État* ».

Ce premier jalon structurant a une limite, celle de la comptabilité publique qui fait assimiler « dépenser » à « agir » sans que les effets de la dépense ne puissent être valorisés en termes de mieux-être environnemental. L'État reste dépensier, il n'est pas « producteur ».

La difficulté à traduire la dépense publique en mieux-être environnemental est évidente. Cette difficulté conduisait la Commission Stiglitz, Sen, Fitoussi à considérer la spécificité du « *volet environnemental de la soutenabilité* (pour lequel) *il serait imprudent de surestimer les possibilités de substitution avec d'autres formes d'accumulation [...] Pour capter cette dimension de la soutenabilité* (il faut recourir) *à la notion d'empreinte écologique…* ». Les effets escomptés des dépenses vertes de l'État sur l'empreinte carbone auraient pertinemment complété, et enrichi, la documentation budgétaire de ce premier budget vert.

Ce premier budget vert est *un jalon structurant* et s'il traduit, politiquement, une prise de conscience, il faut croire que ce sont la Finance et les Marchés qui joueront un rôle d'accélérateur bien davantage que les politiques publiques. Le GIEC le dit à sa façon quand il chiffre les investissements nécessaires pour répondre aux enjeux de la transition énergétique. Les Marchés montrent aussi leur « sensibilité écologique » en détruisant de la valeur des entreprises à l'origine de catastrophes écologiques. (Voir infra 6.2 - L'écologie doit épouser la loi du marché).

Pour passer des bonnes intentions et des voix de la raison à l'action il faut que l'éthique trouve une valeur comptable. Il faut que les questions sociale et environnementale deviennent des enjeux de valorisation financière. L'entreprise ignore encore aujourd'hui que les conséquences sociales de sa stratégie ont un coût, celui de la dépense publique. Pour lui faire supporter ce « coût social », il faut emprunter au néolibéralisme ses outils et concepts. L'exemple est donné, prudemment, avec la taxation des contrats de travail (trop) courts ; il est donné aussi avec le principe du « pollueur payeur ».

Chapitre 6

RÉCONCILIER L'ÉCONOMIE, LE SOCIAL ET L'ENVIRONNEMENT

Après les constats des excès, tant du néolibéralisme que de l'étatisation (la *main invisible* de l'un renforçant la main trop visible de l'autre), après l'affirmation de bonnes intentions et la difficile émergence de premières actions raisonnées, comment s'accorder sur une trajectoire de transition vers un retour à la raison et s'engager sur une autre voie ?

Pour apporter des éléments de réponses aux critiques qui visent un libéralisme mal compris, assimilé à son avatar néolibéral, et la demande d'un État qui devrait rester providence universelle, ne s'agit-il pas de rechercher ce qui ferait réconcilier l'économique, le social et l'environnement ? Ne s'agit-il pas d'éviter toute solution qui conduirait à une nouvelle route de la servitude que les ultralibéraux autant que les ultra-étatiques sont prêts à paver.

La crise sanitaire a fait passer la Santé au premier rang d'une politique publique de gestion de crise. Le prix en a été celui du confinement des populations et d'un *lock down* économique. Des solidarités ont été réinventées, des « petits métiers » se sont affirmés indispensables. Bien davantage que les interventions rendues nécessaires des États, qui se sont révélés providence comme jamais, ce sont là les leçons qu'il faudrait retenir pour repenser le modèle en affirmant aussi que l'intervention étatique a trouvé là l'extrême limite de sa légitimité. Les solutions « de guerre » ne peuvent servir pour le temps de paix.

Le capitalisme du *monde d'après*, pour être débarrassé de ses excès néolibéraux, nécessite des Institutions renouvelées. Les principes éthiques qu'un *nouveau capitalisme* pourrait se fixer ne suffiront pas. Le verdissement du budget de l'État ne suffit pas. La qualité optionnelle, et non pas le statut, d'entreprise à mission ne suffit pas non plus. Le rêve d'une économie décarbonée et inclusive ne suffit pas davantage.

La main trop visible de l'État a sa part dans ce capitalisme « *qui ne fonctionne plus* ». L'étatisation, ce *socialisme terre à terre,* a fait accepter de payer taxes et impôts plutôt que le juste prix du travail. L'entrepreneur s'est embourgeoisé, nourri des aides et subventions mais se plaignant des impôts et prélèvements divers qui justement viennent les financer. Les nouveaux travailleurs pauvres de l'économie numérique à bas coûts sont aujourd'hui comme les journaliers de la révolution industrielle du XIXᵉ siècle. Le progrès social, malgré les milliards de la protection et de l'assistance sociales, apparaît comme l'oublié de la croissance. Hors de ces aveuglements, des instruments existent pour réconcilier l'économique, le social et l'environnement.

RÉCONCILIER L'ÉCONOMIE, LE SOCIAL ET L'ENVIRONNEMENT

6.1 - Quand le comptable n'entend pas le DRH, il faut réformer la comptabilité

Les services du personnel qui administraient les employés ont fait place aux directions des ressources humaines qui aujourd'hui n'administrent plus mais gèrent les compétences non pas d'employés mais de collaborateurs. Ces directions devenues stratégiques investissent dans la GPEC, la gestion prévisionnelle des emplois et des compétences. Les directeurs des ressources humaines ont pris place à la table des CoDir, comités de direction, et ComEx, comités exécutifs, quand leurs ancêtres n'étaient que des chefs de service du personnel. Une évolution sémantique est venue au secours de la stratégie managériale qui fait prévaloir le capital humain sur les effectifs (la stratégie financière continuant à faire prévaloir la diminution des effectifs sur la valorisation du capital humain).

Ainsi renommée, la chose devenait sérieuse, les chefs disparaissaient, les managers émergeaient qui s'employèrent à organiser une nouvelle hiérarchie entre le top management et le management de proximité.

Il n'y avait plus de « patron », le mot trop connoté de paternalisme perdait tout sens, perdait celui hérité de « *pater* », de protecteur. À la place, se sont logés les « N+1 » et les dirigeants.

Les plans stratégiques, les « projets » guidaient le tout nécessitant des plans d'accompagnement au changement qui ne manquaient pas de promouvoir les valeurs de l'entreprise.

Devenu Ressource humaine, l'employé devait non seulement tenir son poste mais assurer aussi son employabilité. Il devait non plus seulement *faire le taf* mais aussi contribuer à la trajectoire de l'entreprise.

Alors que l'on administrait le personnel, on pilote les ressources humaines. Les DRH n'y suffisant pas, il fallait aussi des conseils en recrutement, en formation, en bilan de carrière… Il fallait aussi pour piloter finement identifier les ressources à potentiel, particulièrement celles à haut potentiel. Pour ces dernières, il fallait inventer des comités, des comités de carrière, parfois des comités des rémunérations ; pour les autres, la convention collective et la NAO, la négociation annuelle obligatoire, suffisent.

Gérer la ressource humaine imposait aussi de gérer les relations humaines, gérer le collectif de travail, gérer les équipes qui avaient soudainement besoin de *team building* ! La matière humaine n'étant pas chose malléable, un dernier étage de l'organisation managériale a été prévu, celui de la gestion des relations sociales. C'est à lui que revient la mission de vendre, expliquer et justifier les plans stratégiques, les objectifs de productivité, les plans de sauvetage de l'emploi…

Cette évolution n'est pas critiquable, mais elle a été conduite au moment où le capital humain s'est confronté à quelque chose de bien plus fort que la machine : la rentabilité à deux chiffres.

Le mouvement managérial, outil du néolibéralisme, participait à dévaloriser la valeur travail. Le capital humain, si bien nommé, allait devoir répondre aux règles et objectifs de moindre coût, de rentabilité et d'amortissement aussi. Les néolibéraux ne sont pas, là non plus, les seuls fautifs. Il s'est trouvé des organisations représentatives des salariés qui ont accompagné ce mouvement, qui l'ont parfois même conforté en réclamant l'accompagnement tout au long de la vie (professionnelle), des entretiens individuels de toutes sortes et même la réduction du temps de travail. Certaines poussaient, et poussent encore, le bouchon jusqu'à souhaiter *la fin du travail* sans voir que cela faisait l'affaire des néolibéraux. Ces organisations représentatives des salariés en agissant ainsi n'ont-elles pas participé, sans le vouloir ni le voir, à la démoralisation des salariés[109] et facilité l'émergence de l'emploi non salarié ?

La GRH qui faisait se développer ce management ne pouvait pas, seule, conduire à dévaloriser le travail. Il se trouve dans l'entreprise une fonction que l'on dit moins stratégique mais qui est la première contributrice à ce travail de sape. C'est la comptabilité générale et les comptables n'y sont pour rien, ils ne font qu'appliquer « le Plan ». Redonner du sens à la gestion des ressources humaines, valoriser effectivement l'humain et le travail ne se fera pas

---

[109] Jean-Paul Fitoussi op.cit. « *Comme on nous parle. L'emprise de la novlangue sur nos sociétés* » - (chapitre 3 : De la fin du travail et autres poncifs).

sans une réforme de ce Plan comptable, et là les DRH n'y peuvent rien !

Les raisons du passage des cotisations sociales aux charges sociales ne relèvent pas uniquement de la mode qui fait adopter la novlangue *entreprenaro-managériale*. Il existe une raison qui structure la pensée néolibérale et en dicte les actions, cette raison est bêtement comptable.

Le fameux « *il n'y a de richesse que d'hommes*[110] » que le DRH s'épuise à promouvoir n'est pas entendu par le comptable qui est incapable de traduire ce mantra dans ses comptes.

Quand le licenciement, ou la rupture du contrat de travail, intervient, ce devrait être, si l'on considère la ressource humaine comme un capital, une perte d'actif pour l'entreprise. Comptablement, c'est, hormis les indemnités dues, un allègement de charges et, financièrement, c'est la promesse d'une plus grande compétitivité ! Oui, la comptabilité donne une image fidèle et sincère des comptes : elle est faite pour ça ! Et elle ignore la valeur-travail ! Elle est construite pour comptabiliser le travail et tous ses « accessoires » comme des coûts ; elle n'est pas prévue pour en comptabiliser la valeur. Adam Smith proposerait-il une réforme du plan comptable pour qu'il donne l'image fidèle de ce que le salaire du travail n'est pas un coût puisqu'il se retrouve, majoré du profit, dans le prix

---

[110] Jean Bodin (1529-1596) - *Les six livres de la République.*

du produit ? Le plan comptable est néolibéral, parce qu'il refuse au travail le statut d'actif comptable.

La mère des réformes, la réponse à apporter aux critiques brouillonnes et mal argumentées formulées à l'encontre du libéralisme mal compris, ce serait une réforme des normes comptables. Pourquoi les coûts de la formation professionnelle continue sont-ils comptablement des charges quand pour la gestion des ressources humaines ils sont des investissements ? La question vaut pour tous les divers accessoires du salaire qui sont attachés au contrat de travail.

Le cas du licenciement est comptablement intéressant. S'il ouvre droit à indemnités, les provisions faites par l'entreprise (retraites, engagement formation...) restent dans l'entreprise et font l'objet de reprises qui sont, comptablement, des produits : la charge de formation, celles des indemnités de départ à la retraite qui avaient été provisionnées s'annulent avec le licenciement et « compensent » le coût de l'indemnité de licenciement, elle-même provisionnée...

La valeur de l'entreprise ignore celle du travail au point que la masse salariale est réputée en déprécier la valeur et entraver sa compétitivité. Les arguments techniques qui s'opposent à la valorisation du travail(leur) en tant qu'actif sont que le salarié ne saurait être comptabilisé comme un actif comptable au sens où il ne peut pas être cédé par son employeur[111]. Il y aurait même là un argument moral ! L'argument a des fragilités. N'existe-t-il pas, pour certains emplois, des clauses de non-concurrence qui sont une forme de valorisation de ce qu'est l'apport de ces salariés ? Les employés ne sont-ils pas, dans certains cas, valorisés dans le *goodwill* de l'entreprise, cette survaleur qui s'ajoute aux actifs comptables ? N'est-il prévu par la loi, pour certaines activités de service, que les salariés restent attachés au contrat de prestation et soient transférés d'un employeur à l'autre quand le premier perd le contrat et que le second l'emporte ?

Il y a quelque chose de remarquablement surprenant que de constater que la comptabilité fait que l'employé et l'apport de son travail à l'entreprise sont considérés comme une prise sur la valeur de l'entreprise. L'image fidèle que la comptabilité donne de l'entreprise, c'est bien celle-là ! Il y a même des commissaires aux comptes qui s'en portent garants. Il y a aussi le marché financier qui réagit positivement aux licenciements boursiers. La comptabilité et la finance ignorent les coûts sociaux externalisés sur la collectivité ; elles ignorent surtout la valeur-travail.

Le rapport « Notat-Sénart » n'a pas été, ici non plus, entendu quand il recommandait « *d'inciter les grandes entreprises à se doter à l'initiative des dirigeants d'un comité de parties prenantes, indépendant du conseil d'administration. Le conseil d'administration est informé par les*

---

[111] Voir *Le libéralisme contre le capitalisme* - Valérie Charolles, Éditions Folio-essais (notamment : chapitre XIII « De l'entreprise »).

dirigeants des réflexions et des éventuelles conclusions de ce comité. Intégrer la stratégie RSE dans les attributions de l'un des comités ou d'un comité ad hoc du conseil d'administration. Ces deux bonnes pratiques pourraient figurer dans les codes de gouvernance. » (Recommandation n° 4).

Il n'a pas été entendu encore quand il constatait que « *Toute compréhension de l'entreprise passe par sa comptabilité. Or, les enjeux sociaux et environnementaux qui doivent être considérés, en sont absents. De même que le droit des sociétés a pu apparaître décalé avec la réalité, la comptabilité strictement financière ne donne pas une image fidèle de la pratique des entreprises. Une étude pourrait donc être engagée sur ce sujet.* » De ce constat, il tirait la recommandation (recommandation 10) « *d'engager une étude concertée sur les conditions auxquelles les normes comptables doivent répondre pour servir l'intérêt général et la considération des enjeux sociaux et environnementaux* ».

Il faut, ici aussi, se souvenir de J. A. Schumpeter : le « *capitalisme développe la rationalité du comportement [...] convertit l'unité de monnaie en un instrument de calcul rationnel des coûts et des profits, grâce auquel il construit le monument grandiose de la comptabilité en parties doubles [...] de par son pouvoir de clarification et de précision arithmétique, il imprime une impulsion vigoureuse à la logique de l'entreprise [...] ce type de logique [...] poursuit sa carrière de conquérant en subjuguant les outils et les philosophies de l'homme, sa vision de l'univers cosmique, sa conception de l'existence, en fait tout ce qui le préoc-*

cupe…[112] ». Voilà le « côté trouble » de la comptabilité en parties doubles !

Les normes comptables restent confinées au débat d'experts, étrangères au débat de la responsabilité des entreprises, une responsabilité que l'on souhaite sociale et environnementale. Les évolutions de la norme comptable semblent ignorer l'horizon de long terme, privilégient la *fair value*, la valorisation trimestrielle de l'entreprise et les *warning profit*. Si le pilotage de l'entreprise reste financier, s'il n'intègre pas le long terme, le discours sur la responsabilité de l'entreprise objet d'intérêt collectif restera au niveau de l'incantation, de la formule magique… Une baguette magique existe : c'est la réforme de la comptabilité dont il semble qu'elle ne soit pas, pas encore, à l'actualité. Il se peut qu'elle vienne, poussée par l'émergence de la finance responsable, des social bonds et des *green bonds*[113].

6.2 - L'écologie doit épouser la loi du marché

Ce ne sera pas un mariage d'amour, alors il doit être de raison. L'écologie apporte au Marché une dot : celle du marché de la transition écologique. Le Marché apporte le financement (*green bonds*). Le couple peut fonctionner !

---

[112] J. A. Schumpeter op.cit.

[113] Emprunts obligataires d'une entreprise ou d'une institution publique pour le financement, par l'émetteur, de projets à impact social ou écologique. L'émetteur des bonds est tenu à un emploi « fléché » des fonds, il s'engage à informer annuellement les apporteurs sur les projets financés.

RÉCONCILIER L'ÉCONOMIE, LE SOCIAL ET L'ENVIRONNEMENT

L'écologie apporte de la raison au Marché, le Marché apporte à l'écologie la folie de la finance.

Nous sommes entrés, il y a peu, dans l'ère écologique. Les années 1960-1970 datent la prise de conscience moderne d'un monde qui s'épuise.

La première conférence mondiale des Nations unies pour l'Environnement se tient en mai 1972 à Stockholm. La déclaration qui en est issue pose 26 principes dont le principe de précaution et affirme que « *Les ressources non renouvelables du globe doivent être exploitées de telle façon qu'elles ne risquent pas de s'épuiser et que les avantages retirés de leur utilisation soient partagés par toute l'humanité* ». Le programme des Nations unies pour l'Environnement naît de cette conférence. Les premiers ministères de l'Écologie ne tardent pas à venir enrichir les gouvernements. Mais…

L'écologie est née « contre », elle est née en réaction ; elle est née et s'affirme « lutte sociale ». La ligne est donnée par ce texte de 1974 : « *Tant qu'on raisonnera dans les limites de cette civilisation inégalitaire, la croissance apparaîtra à la masse des gens comme la promesse – pourtant entièrement illusoire – qu'ils cesseront un jour d'être "sous-privilégiés", et la non-croissance comme leur condamnation à la médiocrité sans espoir. Aussi n'est-ce pas tant à la croissance qu'il faut s'attaquer qu'à la mystification qu'elle entretient, à la dynamique des besoins croissants et toujours frustrés sur laquelle elle repose, à la compétition qu'elle organise en incitant les individus à vouloir, chacun, se hisser "au-dessus" des autres*[114]. »

La lutte promettait d'être rude et si l'auteur engageait à « *essayer de prévoir comment le capitalisme sera affecté et changé par les contraintes écologiques, (plutôt) que de croire que celles-ci provoqueront sa disparition* », il faisait de « *la lutte écologique (non) pas une fin en soi, (mais) une étape* », elle peut « *créer des difficultés au capitalisme et l'obliger à changer ; mais quand, après avoir longtemps résisté par la force et la ruse, il cédera finalement parce que l'impasse écologique sera devenue inéluctable, il intégrera cette contrainte comme il a intégré toutes les autres* ».

L'économie écologique apportera peu de solutions macroéconomiques au véritable problème dont il faut prendre conscience. Pour autant que la Nature devienne « capital », les fondements anticapitalistes de l'économie écologique semblent s'opposer à sa monétisation, elle propose cependant des outils de mesure, alternatifs ou complémentaires au PIB, cet étalon de la croissance ignorant de la valeur-Nature. Ainsi du Génuine Progress Indicator (GPI) de Herman Daly[115].

---

[114] « Leur écologie et la nôtre » - André Gorz, 1974 in la revue *Le sauvage*.

[115] Le GPI, ou IPV-Indicateur de progrès véritable, ajoute au PIB les activités non monétarisées (bénévolat, activités domestiques) et en soustrait la valeur de la consommation des ressources non renouvelables et celle des conséquences sociales (chômage, accidents…).

RÉCONCILIER L'ÉCONOMIE, LE SOCIAL ET L'ENVIRONNEMENT

Si l'économie écologique n'intègre pas le capitalisme comme levier, c'est au capitalisme qu'il revient d'intégrer la contrainte écologique. Écologie et capitalisme doivent urgemment satisfaire à une promesse de mariage de raison !

Les noces se célébreront après des fiançailles, celles des « marchés du carbone » qui doivent orienter les économies vers un mode de production (et de consommation) faiblement carboné. Le marché du carbone c'est comme la dot, c'est un champ nouveau pour les marchés financiers qui se trouvent là une vertu, une éthique.

Il faut ajouter de la morale à ce mariage de raison alors, « *Les entreprises sont invitées à adopter le principe de précaution face aux problèmes d'environnement, à prendre des initiatives tendant à promouvoir une plus grande responsabilité en matière d'environnement, et à favoriser la mise au point et la diffusion de technologies respectueuses de l'environnement*[116]. » Le GIEC vient ainsi forcer la main. La dot, dit-il, ne suffira pas. Il faudra investir : doublement des dépenses (+147 milliards de dollars par an) pendant 20 ans, pour investir dans les énergies « bas carbone », un surplus de 336 milliards de dollars par an pour l'efficacité énergétique des transports, des bâtiments et de l'industrie[117].

---

[116] Principes 7, 8 et 9 des 10 principes du pacte mondial des Nations unies - juillet 2009.

[117] 5e rapport du GIEC, partie 3 - « Atténuation des changements climatiques ».

À l'évidence, l'écologie, la transition énergétique, parce qu'elles nécessitent la mobilisation de ressources financières phénoménales, ont besoin du marché… et le marché a besoin d'incitations, d'aides fiscales, il a besoin de l'État ; ce que le GIEC ne manque pas de souligner : « *Des mesures réglementaires (normes d'efficacité énergétique) et de sensibilisation (étiquetage énergétique, etc.) ont largement été mises en œuvre à grande échelle. Dans de nombreux cas, elles ont prouvé leur efficacité. Des politiques fiscales visant spécifiquement à réduire les émissions de gaz à effet de serre ont, dans certains pays, contribué à affaiblir le lien entre les émissions de gaz à effet de serre et la croissance économique.* » L'économie écologique doit venir au secours du couple « écologie-marché » pour lui donner les outils dont il a à l'évidence besoin. Les instruments de mesures, alternatifs au PIB, participent de ce mouvement en contribuant à donner tout son sens à la finance verte.

La première réunion du One Planet Summit, le 12 décembre 2017 à Paris, posait la question « *la finance peut-elle sauver le climat ?* », ce peut être, davantage qu'une question, une affirmation. Avant que la question ne soit posée par le One Planet Summit, elle avait déjà trouvé réponse.

Si les engagements écologiques de l'entreprise ne sont pas, ou pas suffisamment, valorisés par le Marché, les catastrophes écologiques dont elles sont la cause sont, elles, sanctionnées. Le Marché agit en réaction. De façon plus positive, les labels et certifications valorisant les engagements responsables deviennent un des éléments d'appréciation, relayés par les obligations vertes, pour les investisseurs.

À l'évidence, la finance peut et doit participer à sauver le climat. Avec l'initiative « Climate Action 100 » le One Planet Summit apportait une réponse à la question qu'il (se) posait. Climate Action 100 réunit plus de 500 investisseurs, représentant 47 000 milliards de dollars d'actifs, « *engagés auprès des entreprises pour faire évoluer leurs pratiques. Parmi ces entreprises figurent 100 "émetteurs d'importance systémique", qui représentent les deux tiers des émissions industrielles mondiales annuelles*[118] ».

L'écologie et la finance, un mariage de raison (mais un vrai mariage : il faut dépenser plus pour consommer moins) !

6.3 - Passer de l'État collecteur-redistributeur à un État producteur

L'État est un acteur économique souverain. Il organise les Institutions et veille au bien commun. Il s'acquitte de sa mission en captant sur la richesse créée le financement qui lui permet d'assurer ses missions régaliennes et de redistribuer pour corriger les imperfections du Marché. Cette mécanique fait de l'État un producteur, mais un producteur non-marchand. Les biens (infrastructures) et services (prestations diverses monétaires ou en nature, la santé, la sécurité, l'enseignement…) que l'État produit n'ont pas de prix, mais ils ont un coût : celui des prélève-

---

[118] Site du One Planet Summit.

ments obligatoires, et celui de la dette. Le coût de l'État, c'est le prix du bien commun dont la gratuité est, en fait, prépayée par le citoyen.

L'État, toutefois, sait se faire marchand, il est entrepreneur avec les entreprises publiques dont il fait payer le prix du service. Mais il est de moins en moins entrepreneur. La part de valeur ajoutée des entreprises publiques dans l'économie nationale est de 5,7 % en 2016, elle était de 24,8 % en 1985[119]. Cette rétractation de l'État-marchand, pour autant qu'elle soit forcée par les principes ordolibéraux de l'Union européenne, est dans la nature de l'État. Au regard de la place qu'il tient aujourd'hui dans l'économie marchande en tant qu'entrepreneur (plus souvent actionnaire que vraiment industriel) le sujet est secondaire, le temps n'est plus aux nationalisations (sauf quand l'actualité force tel ou tel à une déclaration de politique politicienne).

Il est acteur économique quand il investit, quand il dépense, achète et contractualise avec le secteur marchand. Acteur économique, il l'est aussi en tant qu'employeur. Mais il est dans un rôle d'acteur économique redistributeur. La performance économique de l'État se trouve, donc, dans sa capacité à redistribuer et à produire du bien commun. Pour gagner en performance, l'État doit produire ce bien commun au moindre coût.

[119] INSEE - Tableaux de l'économie française, édition 2019.

RÉCONCILIER L'ÉCONOMIE, LE SOCIAL ET L'ENVIRONNEMENT

La question de l'efficacité de l'action publique se pose là avant d'être trop rapidement celle du volume des effectifs d'agents publics. Elle doit se poser là avant d'être celle de l'efficacité des politiques publiques. L'État gère-t-il de façon optimale les moyens dont il dispose, ses ressources sont-elles pertinemment allouées, quel est le coût de production par l'État des services publics ?

Le bien commun n'a pas, par nature, d'autre valeur économique que celle d'un coût. Les prestations, biens et services produits par l'État n'ont pas de prix. L'apport économique et social de l'action publique n'est pas économiquement valorisé, il reste une dépense financée par prélèvements obligatoires sur la richesse créée. Il en résulte tout à la fois une demande grandissante (on en veut plus « pour notre argent ») et une exigence de voir diminuer la pression fiscale.

Une demande grandissante parce que si les prestations de l'État n'ont pas de prix de marché et l'action publique pas de valeur économique ajoutée, les insuffisances ou défaillances de l'État sont mises au jour par des statistiques qui traduisent une moindre sécurité, des classements internationaux qui nous disent la dégradation, relativement à d'autres pays, du système de Santé, du système éducatif…

Une exigence de voir diminuer la pression fiscale parce que le niveau atteint, autant que sa concentration ou son insuffisante progressivité, sont devenus pour beaucoup insupportables.

Pour résoudre l'équation du *toujours plus mais moins d'impôts,* une solution s'est imposée, celle du saupoudrage. L'État s'est fait État-pourboire en affirmant son souci de la soutenabilité des finances publiques et celui de l'universalité de sa providence. Il n'a résolu ni l'équation ni satisfait sa préoccupation !

Pour répondre, peut-être, à l'affaiblissement du consentement à l'impôt, l'État diffuse, et adresse à ceux qui le payent, une facture pro-forma[120] : elle détaille ce à quoi servent 1 000 euros de dépense publique. Cette forme de reddition publique des comptes publics conserve et affirme le rôle dépensier de l'État et les documents plus techniques – de la procédure budgétaire, ou des, trop rares, évaluations des politiques publiques – ne permettent pas davantage de donner aux biens, services et prestations produits par l'État une « valeur ajoutée ».

Cette communication ajoute au brouhaha et participe à rendre subsidiaire la question du « coût de production » des services publics. Quand elle est abordée, elle l'est avec le mantra de la diminution des effectifs d'agents publics. La question mérite d'être posée mais autrement. La question du niveau des effectifs de l'État n'est-elle pas, d'abord, celle de la bonne affectation des effectifs, celle de l'allocation de la ressource puis celle du périmètre de l'action publique ?

---

[120] www.economie.gouv.fr

RÉCONCILIER L'ÉCONOMIE, LE SOCIAL ET L'ENVIRONNEMENT

La masse salariale des administrations publiques[121] ce sont 197 milliards d'euros (14 % de la dépense publique et 8 % du PIB !). 14 % de la dépense publique consacrée aux ressources humaines et la facture pro forma ne dit rien de cela. Elle nous apprend que sur les 1 000 € de dépense publique 60 (6 %) sont consacrés au régalien (défense, sécurité justice), 9,6 % à l'éducation, 19,1 % à la santé, 3,5 % au chômage et 2,2 % à la solidarité. L'État acteur économique gagnerait à détailler sa facture et nous dire qu'elle est la part, dans ses coûts de production, de sa ressource humaine, de ses consommations intermédiaires. Le débat sur la soutenabilité budgétaire et la pertinence des politiques publiques y gagnerait en transparence.

Les prélèvements obligatoires sont, considérant la mission de l'État, comme des social bonds dont les financeurs n'attendent pas le remboursement mais des services (infrastructures, prestations-santé, éducation…) et une « prime » aussi : la sécurité des Institutions. Ni la procédure budgétaire devant les assemblées, ni les rapports des Inspections et corps de contrôle, ni celui de la Haute juridiction financière ne donnent les éléments qu'un émetteur de *social bond* (ici l'État collecteur) doit à ses financeurs (le citoyen).

Les innombrables baromètres de la qualité des services publics devraient laisser de la place à des thermomètres d'efficacité de la dépense publique. L'efficacité de la dépense publique pour l'éducation ne se mesure pas au

---

[121] Fipéco, note d'analyse du 29 octobre 2019 « La masse salariale publique ».

nombre des bacheliers mais à celui des NEETs[122]. Elle ne se mesure pas par le niveau des dépenses de solidarité ou d'allocation-chômage mais par la diminution du taux de pauvreté et celle du nombre des chômeurs de longue durée... Ces approches donnent du sens au pognon de dingue, un sens qui peut encore être précisé quand on sait que plus de 20 % de l'effectif de l'Éducation nationale n'est pas enseignant, quand on sait aussi ce qu'est la sur-administration de l'Administration.

La réforme de l'action publique n'impose-t-elle pas, avant de réduire le périmètre et les moyens de l'État, d'abandonner la culture d'un État « collecteur-redistributeur » pour celle d'un « État producteur ». Tout comme pour les entreprises de la sphère marchande, il faut aménager, là aussi, les normes et outils comptables pour rendre compte de l'efficacité de la dépense publique, mesurer la valeur apportée au bien commun. La satisfaction tirée du constat de la « diminution tendancielle de l'augmentation de la dépense publique en valeur » est à l'égal de celle que tire l'actionnaire de son dividende et de la rentabilité à deux chiffres de l'entreprise ! Elles sont d'un autre temps. Le versement d'un dividende ne fait pas, seul, la raison d'être de l'entreprise même avec la cosmétique de la RSE ; de même, la dépense publique complétée par les baromètres-qualité ne fait le *bon gouvernement*.

---

[122] Not in Education, Employment or Training - Ni dans l'emploi, l'éducation ou la formation.

RÉCONCILIER L'ÉCONOMIE, LE SOCIAL ET L'ENVIRONNEMENT

Le rapport Stiglitz-Sen-Fitoussi incite à apprécier les mérites de la croissance et les effets de la dépense publique au regard d'objectifs de progrès social. Plus ambitieuse, l'ONU adoptait en 2011 une résolution visant à promouvoir le BNB, l'indicateur du Bonheur national brut[123].

Avant de franchir cette marche du PIB au BNB, des outils existent qui permettent d'apprécier l'efficacité, et les insuffisances, des politiques publiques. L'INSEE livre ainsi une instructive étude annuelle « France, portrait social ». Peut-être existe-t-il aussi, dans tout l'arsenal d'études et statistiques, dans les bureaux de l'Administration centrale et des cabinets ministériels, des « notes » qui s'attachent à rapprocher les dépenses publiques de leurs effets (évolution des inégalités, équipements des logements, des ménages, niveau d'éducation, état sanitaire, disponibilité des infrastructures…). La publication de ces notes et études, une plus grande communication de ce portrait social donneraient, déjà, les moyens d'apprécier l'utilité de la dépense publique, de quantifier ce qu'elle produit en termes de progrès social. Oui, ce qui se mesure s'améliore. Par cette formule du pognon de dingue, il s'agissait d'inciter à s'interroger sur l'efficacité de la dépense ; elle visait les dépenses sociales mais gagnerait à s'appliquer à

---

[123] BNB, Indice du Bonheur national brut, adapté par le Bouthan comme définition « du niveau de vie plus holistique que le Produit national brut (PNB). L'indice repose sur les quatre principes fondamentaux auxquels le Bhoutan attache une part égale à savoir la croissance et le développement économiques ; la conservation et la promotion de la culture ; la sauvegarde de l'environnement et l'utilisation durable des ressources ; et la bonne gouvernance responsable ». Source : ONU, communiqué de presse - juillet 2011.

l'ensemble de la dépense publique et prioritairement au système de production de l'action publique.

L'État producteur pourrait développer le *marketing* de Bercy pour décliner la facture pro forma, celle qui est jointe au formulaire de déclaration de revenus, au niveau de la délivrance de l'acte de service public. Remettre au bénéficiaire d'une prestation publique non pas une facture (il a un droit) mais un reçu valorisé donnerait un prix à l'action publique. Une telle évolution ne manquerait pas de soulever des oppositions. Celles des purs du service public, ceux qui le servent et qui le conçoivent démonétisé par nature, celles de ceux qui ne manqueraient pas de voir là une étape vers sa privatisation forcément néolibérale. Il faudrait donc prendre la précaution d'affirmer qu'aucun but moralisateur du consommateur n'est poursuivi mais, seulement, celui de rendre compte de l'usage des deniers publics ; d'affirmer aussi que donner une valeur à l'acte public n'est pas le rendre « marchand ».

Le développement des trop peu utilisés Contrats à impact social (CIS[124]) peut s'inscrire dans cet objectif de donner

---

[124] Le Contrat à impact renouvelle profondément le financement des projets innovants portés par les acteurs du monde de l'économie sociale et solidaire. Ils apportent un mode de financement complémentaire pour faciliter le développement de nouvelles activités ou d'un programme innovant d'activités existantes. Concrètement, la puissance publique lancera des appels à projets pour répondre à des besoins sociaux ou environnementaux qui ne sont pas ou mal pris en charge par l'État : les structures sélectionnées seront alors financées par un investisseur tiers. En fonction des résultats constatés, sur la base d'indicateurs déterminés par les parties prenantes, l'État rémunérera le porteur de projet qui pourra ainsi rembourser l'investisseur - www.economie.gouv.fr à « contrat à impact social ».

non pas seulement un prix à l'action publique mais une valeur aux résultats de l'action publique.

6.4 - Payer le juste prix économique ou le coût de la redistribution ?

« Il faut se rendre à l'évidence : l'austérité salariale est une menace pour les démocraties. Mais comment en sortir alors qu'elle est devenue une pièce centrale de l'équilibre économique ?[125] *»*

Faut-il douter que ce constat ne soit pas partagé par ceux qui élaborent les politiques économiques ? Si tel était le cas, ce serait l'affirmation de l'immoralité de l'État par le fait de ses « serviteurs ». Si l'austérité salariale est en même temps la pièce centrale de cet équilibre économique à la fois néolibéral et étatique et une menace pour les démocraties alors, oui, il faut sortir de ce modèle et réformer l'État et son Administration pour démonter la mécanique qui fait prévaloir cette austérité.

Il ne s'agit plus, si l'on prête attention à cette alerte qu'un Galbraith portait déjà, de concevoir des politiques publiques curatives visant la réduction de la pauvreté sans en traiter les causes. Cette alerte engage à penser des politiques publiques de prévention, régulatrices en amont, pour d'abord reconstruire le lien social. Il s'agit de redon-

---

[125] Patrick Artus - *40 ans d'austérité salariale. Comment en sortir ?* Odile Jacob - avril 2020.

ner sens et contenu à un contrat social qui ne soit pas un contrat de solidarité ex-post.

L'analyse proposée par Patrick Artus se présente comme une nouvelle théorie des sentiments moraux. Ce qu'il démontre, et démonte, c'est ce cercle vicieux du néolibéralisme soutenu par l'étatisation du risque économique de l'entrepreneur. L'objectif moral et économique d'une plus juste répartition entre salaire et profit doit faire dépasser l'opposition historique entre *travailleurs et patrons*. L'État doit prendre part au débat en sortant de sa zone de confort qui est celle du « dépenser c'est agir », celle de la multiplication des aides, subventions et filets de sécurité qui amortissent la chute mais ne permettent pas de l'éviter.

Pour éviter le « *Et si les salariés se révoltaient ?*[126] » il faut remettre en marche « *le mouvement d'ascension qui permet d'échapper à la classe inférieure*[127] ». Il faut sortir de ce mauvais consensus du contentement qui résulte de l'intervention curative de l'État qui satisfait à la fois l'économie (qui fait traiter par la collectivité ses externalités négatives), les citoyens (qui obtiennent un acquis social) et l'État (qui se fait fort d'avoir tenu en dépensant un peu plus).

Le néolibéralisme, en dépréciant la valeur-travail, a déprécié le prix du travail, le salaire. La pression sur le re-

---

[126] Patrick Artus et Marie-Paule Virard - *Et si les salariés se révoltaient. Pour un nouvel âge du capitalisme* - Fayard, mars 2015.

[127] J. K. Galbraith.

venu du travail a été d'autant plus forte que les dépenses incompressibles (logement, énergie, assurances...) ont augmenté bien plus que les prix à la consommation. Le néolibéralisme pouvait compter sur l'intervention de l'État, sur les prestations sociales, ces filets de sécurité, pour participer à maintenir le pouvoir d'achat. Ces filets de sécurité ont aussi pris dans leurs mailles les bas salaires, les emplois précarisés et joué comme des pièges à pauvreté : le sujet a été, de fait, externalisé de l'entreprise vers la communauté. Cette externalisation est poussée jusqu'à l'aveuglement quand les aides sociales sont considérées d'un niveau trop élevé pour inciter à la reprise d'emploi sans que soit posée la question du niveau souvent trop bas des salaires proposés. Une externalisation aveugle quand les dépenses publiques sont dites bonnes et nécessaires pour l'économie mais toujours trop importantes et désincitatives quand il s'agit de dépenses sociales (« *De toutes les dépenses de l'État, ce sont toujours les prestations sociales qui ont la réputation la plus douteuse* », J. F. Galbraith). Il faut voir dans ce mouvement d'austérité que les aides de l'État ont eu pour effet de participer à l'austérité salariale : s'acharner à maintenir le pouvoir d'achat par la mécanique de la redistribution, c'est participer à la pression sur les salaires.

Cette mécanique est complexe. La préservation du profit et de la compétitivité de l'économie en période de forte inflation a mis en marche cette dynamique de l'austérité salariale ; il fallait lutter contre l'inflation. L'envol des dettes souveraines a suivi, les politiques expansionnistes budgétaires ont trouvé le secours des taux bas, l'ouverture des marchés a renforcé l'austérité salariale et l'avènement de l'économie *low cost* est venu comme un placebo soutenir une consommation et un emploi de troisième classe.

La question que pose Patrick Artus vient actualiser le constat critique que faisaient Jonathan D. Ostry, Prakash Loungani et David Furcer[128] de leur Consensus de Washington.

Pour sortir de l'austérité salariale, s'il faut augmenter les salaires, il faut le faire en diminuant aussi les diverses aides de l'État et les impôts et taxes qui les financent. Les aides à l'emploi sont, on l'a vu, de peu d'effet et coûtent, du fait de leurs effets pervers, davantage que les taxes et impôts qui les financent.

Les entreprises qui payent l'impôt sur les sociétés et les impôts de production (de l'ordre de 150 milliards d'euros) bénéficient, comme en contrepartie, de 90 milliards d'euros d'aides, subvention, allègements et exonérations. Arithmétiquement, ce ne sont donc pas 150 mais 60 milliards d'impôts qui pèsent sur les entreprises, l'on peut alors se demander si la Finance publique, et les employeurs, n'ont pas oublié l'arithmétique ? Certes, ce ne sont pas les mêmes entreprises qui payent et qui sont ainsi aidées, ce constat ne doit pas faire éluder la question mais, bien au contraire, s'efforcer d'y répondre. Au point de socialisation auquel nous sommes rendus, cette méca-

---

[128] « Le néolibéralisme est-il surfait ? » op.cit.

nique *à la Shadock* semble ne plus pouvoir être mise en cause, elle est devenue dogme.

Sortir de l'austérité salariale, c'est accepter de payer le juste prix du travail, c'est accepter de payer le prix économique plutôt que celui de la redistribution. La compétitivité coût ne perd pas, dans cette hypothèse, l'intégralité de ce qui serait consacré aux revalorisations salariales. Avant la question du juste partage entre les salaires et le profit, la question ne devrait-elle pas être d'abord celle du partage entre salaires et prélèvements obligatoires ?

Poser ainsi la question ne permettrait-il pas d'envisager, avec davantage de succès qu'aujourd'hui, certaines des réformes indispensables du modèle social ? Le « travailler plus », ou « plus longtemps », ne retrouvent-ils pas un sens si la valeur-travail est d'abord reconnue ? Il faut se souvenir d'Adam Smith, pour qui le coût du travail se retrouve dans le prix, augmenté du profit… et lui dire qu'aujourd'hui s'y ajoutent aussi impôts et taxes (ce qui, c'est certain, le conduirait à nous dire ce que doit être une action publique raisonnée).

Le « tout, tout de suite » n'est pas pour demain. La mécanique à démonter est complexe, les excès néolibéraux ont rendu indispensable l'intervention de l'État providence… jusqu'à faire du revenu universel la solution à tous ses maux, une solution qui trouve l'écho des gauches, des ultralibéraux et l'intérêt aussi des experts de la soutenabilité des finances publiques ! Voilà bien une curieuse coalition de *satisfaits* !

Cette appropriation par la gauche d'un revenu universel est maladroite. Oui, le néolibéralisme est devenu une menace pour les démocraties quand les partis de gauche épousent l'idée d'un revenu universel qui permettrait à chacun de vivre selon ses choix. Ce revenu universel, ou un revenu de base, c'est le libertarisme à la Murray[129] que l'on voit, sur toutes les cases de l'échiquier politique, comme la solution « sociale » aux excès néolibéraux voilà qui ne laisse pas de surprendre. Le néolibéralisme n'aurait pas seulement façonné des Institutions mais aussi le programme d'une gauche oublieuse au moins autant que lui de la valeur travail ! Et l'État guidé par le souci de la soutenabilité des finances publiques pourrait alors s'estimer quitte en octroyant un « revenu universel de base », qui ferait un tout d'aides et minima sociaux préexistants.

Sortir des excès néolibéraux pour retrouver les valeurs libérales nécessite aussi de réunir des interlocuteurs responsables, des interlocuteurs soucieux de démocratie sociale, des interlocuteurs à même de sortir de leur pré carré de défense des acquis des *insiders*. Sortir du néolibéralisme et de l'étatisation, c'est aussi retrouver des acteurs économiques et sociaux, organisations syndicales et patronales, qui puissent sortir, eux aussi, de leur zone de confort.

---

[129] Charles Adam Murray (1943) chef politologue du cercle de réflexion conservateur International Center for Economic Policy studies – Manhattan Institute, publie en 1984 – *Losing ground : american social policy* – et théorise : « 10 000 dollars par an pour tous », chaque citoyen recevant une part égale du montant des impôts et taxes collectées, se substituant aux politiques et dépenses sociales.

RÉCONCILIER L'ÉCONOMIE, LE SOCIAL
ET L'ENVIRONNEMENT

Le cas des « petits métiers » de la nouvelle économie *low cost*, celui des autoentrepreneurs, est un cas d'école. Peuvent-ils rester les oubliés de la représentation salariale, peuvent-ils rester « désocialisés » bénéficiant d'une protection sociale elle aussi *low cost*, quand les plateformes qui leur fournissent l'activité prospèrent ? Faut-il forcer pour eux l'accès au salariat ou trouver à « socialiser » non pas leurs revenus mais une part du chiffre d'affaires qu'ils génèrent ? Le salariat à tout prix n'est pas, forcément, la solution à toutes les formes d'emploi, la défense des seuls *insiders* ne fait pas de tel ou tel le défenseur des travailleurs quand il ignore les formes d'emploi qui émergent.

L'austérité salariale avant d'être un risque pour les démocraties est un risque pour l'entreprise. Dans les grandes firmes, l'entrepreneur n'existe plus, il a cédé la place à l'actionnaire qui se repose sur l'expertise managériale de « grands patrons ». Le rôle du manager-agent[130] n'est neutre ni pour l'actionnaire ni pour le salarié, entre les deux il fait jouer aussi son intérêt et pourra être gagnant contre l'actionnaire, contre le salarié et contre toutes les parties prenantes de l'entreprise. L'entreprise s'est, trop souvent, financiarisée, au point d'être *trimestrialisée*. Schumpeter, encore lui, l'avait perçu : « *L'évolution capitaliste, en substituant un paquet d'actions aux murs et aux machines, dévitalise la notion de propriété [...] n'impose pas, comme le faisait la propriété vécue de naguère, une*

---

[130] « La théorie de l'agence », article (1976) de Jensen et Meckling.

allégeance morale[131]. » Le jeu du capitalisme accumulateur et de ses « agents » n'a pas que des conséquences sur la seule entreprise, l'aléa moral engage aussi la société. Il faut ajouter à ce que nous dit Schumpeter que l'entrepreneur a non seulement cédé sa place à l'actionnaire mais qu'il l'a aussi cédé à l'État qui subventionne l'embauche et s'applique à sécuriser la flexibilité. Le risque de l'entrepreneur est dilué dans l'actionnariat et réassuré par l'État, par la collectivité.

La nécessaire revalorisation du travail et du salaire ne peut s'inscrire que dans un vaste mouvement, dans une ambition qui nécessite d'être affirmée et conduite dans le cadre d'un agenda dont le contenu et les échéances dépassent de beaucoup les « agendas sociaux » qui, périodiquement, réunissent à Matignon, à Grenelle ou à Ségur, l'Exécutif et les partenaires sociaux.

Les enjeux nouveaux qui s'imposent ne peuvent avoir comme solution les habituels sparadraps que sont les politiques publiques d'opportunité, de court terme, à l'image du pilotage stratégique de l'entreprise « au trimestre ». Les transitions écologiques, démographiques, numériques sont autant des contraintes que des opportunités pour définir un modèle de sortie de l'austérité. Derrière ces transitions et les enjeux qu'elles représentent, il y a celui, majeur, des démocraties fragilisées par l'austérité salariale et l'invisibilité de la classe *inférieure structurelle*.

---

[131] Op. cit. *Capitalisme, socialisme et démocratie.*

LE MOT DE LA FIN DE
JOHN KENNETH GALBRAITH

Cet essai, guidé par une *main invisible*, s'est attaché à poser les éléments de clarification d'un débat qui ne peut plus être évité. Il fallait suivre le fil d'ariane des valeurs libérales qui s'opposent aux excès d'une pratique néolibérale vainqueur par forfait du collectivisme. Revenir à ces valeurs, revenir aux principes moraux du libéralisme, c'était repérer les voix qui, dans le brouhaha d'aujourd'hui, nous disent la possibilité et les moyens du retour à la Raison.

Les crises, bien plus que les doctrines, donnent des leçons. Les conséquences économiques et sociales de la pandémie éclaireront-elles le débat, jusqu'ici mal posé, qui réclame un *monde d'après* sans dire ce qu'il doit être?

Aggravation des écarts de revenu, travailleurs pauvres, chômage de masse, crise de l'État providence, fracture territoriale et affaiblissement des démocraties, *séparatisme(s)* : pour répondre à ces enjeux, à ces obligations, le vocabulaire économique doit s'enrichir en retrouvant des mots comme éthique, morale et responsabilité. La boîte à outils de la science économique doit se doter d'instruments nouveaux pour donner à ces mots une valeur économique, pour orienter et soutenir les politiques publiques « *Pour une société meilleure* ». Il faut se souvenir de ce testament de Galbraith.

Le confort permis par les démocraties libérales a fait s'affirmer l'individu, certainement bien au-delà de ce que Adam Smith théorisait. La pratique néolibérale a sa part dans cette affirmation effrénée, irraisonnable, de l'individu. Le citoyen a sa part lui aussi ; devenu individu, il n'appartient plus à la collectivité à laquelle il adresse, constamment, une demande de droits nouveaux. L'État lui doit tout, c'est la responsabilité qui lui est assignée pour que l'Individu soit, lui, dégagé de la sienne. L'individu est devenu ignorant de sa « dette sociale », il a oublié qu'il en est le débiteur consentant. Le même oubli est fait par l'entrepreneur qui fait gérer son risque par la collectivité. L'un et l'autre exigent toujours plus de l'État.

Pour retrouver la Raison, pour sortir du néolibéralisme et de l'hypertrophie de l'État, pour rendre possible ce *monde d'après*, il faut une prise de conscience collective de ce que sont les excès de chacun, ceux de ce modèle économique, ceux de l'État, ceux de l'Individu. Les libertés ne sont plus trop souvent qu'expression d'égoïsme, qu'il s'agisse de *l'Individu qui veut des droits*, de *l'entreprise qui court après sa compétitivité subventionnée* ou de *l'État qui affirme son omniscience, son goût de la norme, celui du contrôle et se réalise dans l'interventionnisme*.

L'économie numérique est aujourd'hui l'aboutissement de ces excès, de ces égoïsmes. L'entrepreneur numérique a fini d'externaliser le travail ; il l'a externalisé par le moyen des travailleurs des plateformes et par celui de « l'expérience client », qui déporte sur le consommateur une part du travail. L'entrepreneur numérique a externalisé sur le client l'exercice de ses obligations de « relation sociale » en offrant à ce dernier la possibilité d'apprécier la qualité de la prestation : par l'appréciation qu'il porte, le client note bien davantage la prestation du livreur que le service offert par la plateforme. Le *low cost* et la facilité du click ont fini de rendre invisibles les indispensables. L'économie numérique échappe, pour une grande part, à la socialisation du travail, les Institutions ont là leur part de responsabilité. Le *low cost*, c'est du pouvoir d'achat, c'est aussi une aubaine pour les Institutions, car c'était la promesse d'emplois, et le statut ad hoc de l'autoentrepreneur est venu à point soutenir le développement de cette nouvelle économie. Le statut d'autoentrepreneur n'était-il porté sur les fonts baptismaux en 2008 avec ces mots du ministre « *cela abolit, d'une certaine manière, la lutte des classes. Il n'y a plus d'exploiteurs et d'exploités, seulement des entrepreneurs : Marx doit s'en retourner dans sa tombe*[132] ».

Les *satisfaits* ne sont pas seulement ceux de Galbraith, les satisfaits sont aujourd'hui partout. À la majorité *contente* qu'il observait, une part de la *classe inférieure structurelle* s'est jointe. Si elle ne trouve pas son entière satisfaction, au moins trouve-t-elle une satisfaction dans cette consommation à bas coût qui permet de « faire comme ».

---

[132] Loi de modernisation de l'économie- 2008. Loi « Novelli », Hervé Novelli, secrétaire d'État chargé du commerce, de l'artisanat, des PME, du tourisme et des services.

Elle la trouve aussi dans les prestations sociales et dans la revendication d'un, légitime, *toujours plus* qui arrive à se perdre dans l'exigence d'un revenu universel ! Pour reprendre la formule terrible de Zigmunt Bauman[133], *l'esthétique de la consommation* s'est substituée à *l'éthique du travail.* Cette part de la *classe inférieure structurelle* (dont les Gilets jaunes puis les « premières lignes » de la pandémie du Covid sont une manifestation) trouve aussi une part de sa satisfaction dans l'opposition aux *satisfaits* : manifester, violemment, démontrer que l'on est nécessaire, c'est pour les uns et les autres le moyen d'exister, de se mettre au-devant, de faire l'actualité et d'être reconnus. Cette part de satisfaction ils la trouvent, enfin, dans les experts, les savants, les commentateurs qui se font leurs médiatiques défenseurs alors qu'ils les ignoraient jusqu'au moment de leur manifestation.

Retrouver le chemin de la Raison demande bien autre chose que la mise à bas du néolibéralisme et l'exigence d'un État qui redeviendrait providence. Cette autre chose, c'est la reconnaissance du travail, la reconnaissance des petits métiers dont on a oublié qu'ils sont indispensables au fonctionnement du *système.*

Pour sortir de l'austérité salariale et de la course à la soutenabilité des finances publiques, il faut réaffirmer la valeur-travail, il faut lui donner tout son sens pour que

---

[133] Zigmunt Bauman (1925-2017) - *La vie liquide,* 2006 - Éditions du Rouergue.

le salaire, le revenu, le coût du travail, retrouve son sens économique.

S'engager sur le chemin de la raison, c'est se poser la question de l'intérêt qu'il y a de taxer pour redistribuer au regard de l'intérêt qu'il y aurait à payer le juste prix économique. Les Institutions doivent-elles s'estimer quittes de compenser des inégalités qu'elles participent à créer en subventionnant l'externalisation du risque de l'entreprise sur la collectivité ? La question de la nécessaire réduction de ces inégalités s'adresse-t-elle prioritairement à l'État davantage qu'à l'Économie ?

Il est urgent de se souvenir d'Adam pour relire sa *Théorie des sentiments moraux* à la lumière des excès néolibéraux, de ceux de l'étatisation et de ceux de l'individualisation du citoyen. Il est urgent de redonner son sens à une science morale et politique. Il est urgent de...

« Stop ! je vous interromps ! Permettez que, à mon tour, j'intervienne. Je me présente, Galbraith, John Kenneth Galbraith. Ce serait un honneur pour moi, après les mots d'introduction de ce Cher Adam, que de pouvoir vous proposer une conclusion. J'ai consacré, vous le savez, une grande partie de ma vie à "penser le social", à décrypter les théories économiques et à tenter de comprendre ce qui les a fait naître. Avec mon "Pour une société meilleure : un programme pour l'humanité", j'ai pensé et j'ai osé livrer comme un testament que vous avez bien voulu citer dans cet essai, mais vous laissez dans l'ombre un avertissement auquel je tiens et je vous propose qu'il serve ici de mot de

la fin. Je me cite, donc, en précisant que je me réfère à mon « Économie en perspective : une histoire critique ».

Si vraiment la science économique était infaillible, le système économique qui régit actuellement le monde non socialiste ne survivrait pas. Si quelqu'un pouvait connaître et prédire avec précision et certitude l'évolution des salaires, des taux d'intérêt, des prix des marchandises, les résultats des différentes firmes et industries, et le prix des actions et obligations, cet homme béni des dieux ne communiquerait ni ne vendrait ses informations à personne ; il préférerait s'en servir dans son intérêt, et les connaissances infaillibles qu'il monopoliserait lui seraient hautement profitables dans ce monde si imprévisible. Rapidement, il posséderait tous les biens fongibles tandis que feraient faillite tous ceux qui contesteraient son savoir. Je préfère ne pas imaginer ce qui se passerait si la personne ainsi favorisée était socialiste.

Je concluais avec :

À vrai dire, le système économique moderne ne survit pas grâce à la compétence des spécialistes de la prévision économique, mais plutôt grâce à leur infaillible propension à l'erreur [...] Néanmoins, nous bénéficions d'une compensation : nous pouvons essayer de comprendre le présent, car le futur comportera inévitablement certains éléments marquants du présent. Et le présent, à son tour, est fondamentalement un produit du passé. »

PORTRAITS
Les caractères de la pensée sociale

Adam Smith

5 juin 1723 à Kirkcaldy - 17 juillet 1790 à Edimbourg

La trop visible main invisible.

Trois occurrences, seulement trois occurrences dans l'œuvre de Smith suffisent à lui faire porter le fardeau de cette main invisible dont on a fait le phare de l'économie libérale. Dans la *Richesse des nations*, on trouve une seule occurrence de cette formule qui fera florès :

«... *chaque individu tâche, le plus qu'il peut, d'employer son capital à faire valoir l'industrie nationale, et de diriger cette industrie de manière à lui faire produire la plus grande valeur possible, chaque individu travaille nécessairement à rendre aussi grand que possible le revenu annuel de la société. À la vérité, son intention, en général, n'est pas en cela de servir l'intérêt public, et il ne sait même pas jusqu'à quel point il peut être utile à la société. En préférant le succès de l'industrie nationale à celui de l'industrie étrangère, il ne pense qu'à se donner personnellement une plus grande sûreté ; et en dirigeant cette industrie de manière à ce que son produit ait le plus de valeur possible, il ne pense qu'à son propre gain ; en cela, comme dans beaucoup d'autres cas, il est conduit par une* **main invisible** *à remplir une fin qui n'entre nullement dans ses intentions ; et ce n'est pas toujours ce qu'il y a de plus mal pour la société, que cette fin n'entre pour rien* *dans ses intentions.* » - Livre IV (*Des systèmes d'économie politique*), chapitre 2 (Des entraves à l'importation seulement des marchandises qui sont de nature à être produites par l'industrie).

Il faut reconnaître à Smith le génie de la formule pour que, dite une seule fois dans l'ouvrage fondateur du libéralisme, elle soit comprise comme la synthèse parfaite et sans nuance possible de ses *Recherches sur la nature et les causes de la richesse des nations* !

Dans la *Richesse des nations*, la formule de la *main invisible* vient après que Smith l'a employée dans la *théorie des sentiments moraux* :

« *Le produit du sol fait vivre presque tous les hommes qu'il est susceptible de faire vivre. Les riches choisissent seulement dans cette quantité produite ce qui est le plus précieux et le plus agréable. Ils ne consomment guère plus que les pauvres et, en dépit de leur égoïsme et de leur rapacité naturelle [...] ils partagent tout de même avec les pauvres les produits des améliorations qu'ils réalisent. Ils sont conduits par une* **main invisible** *à accomplir presque la même distribution des nécessités de la vie que celle qui aurait eu lieu si la terre avait été divisée en portions égales entre tous ses habitants.* »

Faut-il croire que les libéraux, les néolibéraux, les ultralibéraux sont allés chercher dans la *Théorie des sentiments moraux* ce qui est devenu le théorème du marché ?

C'est peu probable ! Il est encore moins probable que les penseurs libéraux, néo et ultra, ont trouvé leur Graal, cette *main invisible*, dans son *Essai sur des sujets philosophiques - Histoire de l'astronomie* (écrit en 1755, quatre ans avant la *Théorie des sentiments moraux* et vingt et un an avant *La Richesse*).

*«... dans toutes les religions polythéistes, parmi les sauvages comme dans les âges les plus reculés de l'Antiquité, ce sont seulement les événements irréguliers de la nature qui sont attribués au pouvoir de leurs dieux. Les feux brûlent, les corps lourds descendent et les substances les plus légères volent par la nécessité de leur propre nature ; on n'envisage jamais de recourir à la **main invisible de Jupiter** dans ces circonstances. »*

Trois fois, trois fois seulement, la *main invisible* se présente dans l'œuvre entière d'Adam Smith ! Voilà bien l'illustration de la force des mots et celle aussi du poids des dogmes quand ils s'approprient en la travestissant une idée mal comprise. Cette foi ultralibérale en une main invisible ferait sourire, ou se retourner, Adam qui se plairait à rappeler à ces héritiers fantoches qu'il fut aussi comme commissaire aux douanes écossaises un fonctionnaire zélé qui participait à réguler le libre-échange !

Source : « La « main invisible » d'Adam Smith : pour en finir avec les idées reçues » - Jean Dellemotte, PHARE, université Paris 1 Panthéon-Sorbonne.

Joseph Aloïs Schumpeter

8 février 1883 à Triesch - 8 janvier 1950 à Salisbury

La route du socialisme.

La *destruction créatrice* poursuit Schumpeter comme la *main invisible* poursuit Smith. Schumpeter rompt avec le dogme d'une économie qui atteindrait un stade stationnaire, celui d'un équilibre général, celui de la satisfaction optimale des besoins. C'est la dynamique du progrès qui détruit mais permet, de ce fait, la réallocation des ressources au bénéfice de techniques, de moyens de production nouveaux. Ce mouvement, cependant, court le risque de s'essouffler pour finir en un socialisme bureaucratique, un socialisme terre à terre.

La dynamique de ce mouvement, Schumpeter la voit dans l'espérance de bénéfices futurs qui à long terme résulteront de la dynamique du modèle capitaliste :

« *Pour s'identifier au système capitaliste, le chômeur contemporain devrait faire complètement abstraction de son propre destin et le politicien contemporain devrait faire litière de ses ambitions personnelles. Les intérêts à long terme de la société sont si profondément incrustés dans les couches supérieures de la société bourgeoise que le peuple est tout naturellement porté à les considérer comme des intérêts exclusifs de cette classe.* »

Ce que Schumpeter observe là ne sont rien moins que *les lendemains qui chantent* du capitalisme, et l'on sait la difficulté de faire lien social sur des rêves ! La question schumpetérienne est moins celle de la *destruction créatrice* que celle de la capacité du capitalisme à se survivre (« Le capitalisme peut-il se survivre ? » Titre de la deuxième partie de *Capitalisme, socialisme et démocratie*, partie dans laquelle on trouve « les murs s'effritent » et aussi « L'hostilité grandissante au capitalisme » !). La croyance en des bénéfices futurs n'est-elle pas illusion ?

Schumpeter ne disait-il pas, en creux, que pour se survivre le capitalisme devait ne pas oublier de faire fonctionner l'ascenseur social en appuyant sur le bouton « montée » ?

La pensée de Schumpeter est, à l'évidence, d'actualité. Les excès néolibéraux ont fait socialiser la société ; la promesse de lendemains plus heureux et plus égalitaires a fait naître des exigences qui viennent saper l'idéologie néolibérale et fragiliser les Institutions démocratiques. Avec le risque du socialisme terre à terre, ce que disait Schumpeter c'est que l'illusion n'est pas créatrice !

Jean Charles Léonard Simonde de Sismondi
9 mai 1773 à Genève - 25 juin 1842 à Genève

Adam Smith et la machine à vapeur.

« *Je suis un libéral, encore mieux un républicain, certainement pas un démocrate.* » C'est ainsi que Sismondi se voit et se dit en 1835, 16 ans après la publication de ses *Nouveaux principes d'économie politique, ou de la richesse dans ses rapports avec la population.* Il s'affirme libéral alors que ses *Nouveaux principes* ont fait de lui celui qui romprait avec Smith.

Quand il publie ses *Nouveaux principes*, Sismondi prenait acte de l'évolution des choses davantage qu'il ne se convertissait et abandonnait le libéralisme de Smith. Bien au contraire, en 1819, Sismondi pousse le raisonnement et les idées de Smith. Depuis 1766 et la *Richesse des nations*, le monde a changé et Smith le percevait déjà quand en 1790 il ajoutait à la *Théorie des sentiments moraux* le chapitre dénonçant cette corruption qui fait « *mépriser ou négliger les personnes pauvres ou obscures* » (cf. supra chapitre 1- 1.3).

Sismondi s'inscrit dans la ligne smithienne, c'est l'observation des premières crises industrielles qui fait de lui le promoteur d'une « sécurité sociale » dont les « patrons » ont la responsabilité. Sismondi enrichit l'analyse et les idées de Smith en tirant les conséquences de… la machine à vapeur ; cette machine que James Watt livrait en 1762, et dont les premiers effets ne pouvaient être pleinement perçus et considérés par Smith quand il publiait *La Richesse*, quatorze ans plus tard, en 1776 ! Ce sont des sentiments moraux, éprouvés au constat de la pauvreté lors d'un voyage en Angleterre, qui conduisent Sismondi à ajouter ce volet social aux principes et causes qui font la Richesse des nations. Le progrès technique, l'industrialisation, la concurrence et les prix qui pèsent sur les salaires rendent nécessaire l'intervention de l'État comme régulateur du progrès et des excès de concurrence, un État régulateur pour lutter ex ante contre le chômage et la pauvreté.

Avec ses *Nouveaux principes*, Sismondi c'est Smith plus la machine à vapeur, un Smith qui aurait pu constater les conséquences de l'industrialisation. La leçon libérale qu'il nous donne, c'est d'inciter à éprouver aujourd'hui nos sentiments moraux au constat des conséquences sociales des plateformes de l'économie numérique, ces « machines à vapeur » du XXIᵉ siècle. Sismondi valait mieux que d'être qualifié de « chef de file du socialisme bourgeois » par un nommé Marx.

Carl Menger[134]
23 février 1840 à Neu Sandic - 26 février 1921 à Vienne

De l'inutilité du travail et de l'utilité de l'arbre.

Il faut saluer Carl Menger et reconnaître à ses *Nouveaux principes* leur caractère prémonitoire, peut-être même leur puissance auto-réalisatrice. En niant, violemment, au travail une valeur objective pour théoriser la valeur subjective de tout « bien », qui résulte de la seule satisfaction, de l'utilité, qu'il procure à celui qui l'acquiert, Menger théorisait à sa façon *l'esthétique de la consommation* dont Zygmunt Bauman[135], bien plus tard, nous dira qu'elle s'est substituée à *l'éthique du travail*.

Menger balayait l'économie classique sur le constat qu'elle n'avait pas su répondre aux enjeux moraux qu'elle faisait prévaloir. Il accusait Smith et ses héritiers d'avoir avancé, hypocrites et masqués, derrière une théorie faite de sentiments moraux. Il fallait donc une nouvelle théorie, générale. Les faits sont venus la vérifier ; l'avatar néolibéral a démontré, in vivo, que la recherche de la satisfaction n'était pas une donnée… marginale mais structurante du comportement naturel de l'individu. L'individu *mengérein*

---

[134] Les développements proposés ici ont pour source la lecture principalement de *Carl Menger – Principes d'économie politique – Première édition critique* de Gilles Campagnolo – Seuil, économie humaine, février 2020. Op.cit.

[135] *La Vie liquide*, op.cit.

vise non pas à participer à la *richesse des nations* mais à la seule satisfaction de ses besoins. La satisfaction du besoin écrase les doigts de la *main invisible*.

Les *Nouveaux principes* de Menger libéraient l'individu-roi, l'individu qui devenait esclave-consentant de ses besoins qui trouve dans la consommation mimétique une raison d'être. Les *Nouveaux principes* ont laissé libre cours à ce que Smith dénonçait comme « *corruption de nos sentiments moraux, résultant de cette disposition à admirer les riches et les grands, et à mépriser ou à négliger les personnes pauvres ou obscures* ».

La théorie générale posée par Menger, peut-être par ses excès, apporte la preuve de sa réfutabilité en proposant deux réponses au moins aux excès du néolibéralisme.

La première est celle de l'utilité marginale qui, par un curieux détour, donne, contre-intuitivement, un intérêt et une valeur à la préservation des ressources :

« *Si l'habitant d'une forêt profonde dispose de quelques centaines de milliers de troncs bruts, tandis qu'il n'a toutefois besoin [...] que d'une seule vingtaine de grumes, alors il n'estimera aucunement dommageable [...] que quelques milliers de ces arbres puissent être détruits par un feu [...] Si, au contraire, il se trouvait seulement encore dix arbres fruitiers sauvages dans cette forêt profonde [...]*

chacun de ces arbres fruitiers en particulier aurait donc ainsi pour lui de la valeur. »

Après l'utilité marginale comme réponse à la transition écologique, Menger donne, malgré lui, des éléments de réponse à la question sociale avec la théorie de la satisfaction du besoin de reconnaissance :

« *La théorie des besoins (la reconnaissance et la compréhension de leur nature) est d'une importance fondamentale pour les sciences de l'économie, et c'est en même temps la passerelle qui mène des sciences de la nature, en particulier la biologie, aux sciences de l'esprit en général et aux sciences de l'économie.* »

Est-ce forcer le trait que de voir chez Menger une préoccupation écologique et aussi une théorie du besoin de reconnaissance qui trouverait à s'appliquer à la question sociale, mais ne donne-t-il pas là des contre-arguments à sa théorie ?

John Stuart Mill
20 mai 1806 à Londres - 8 mai 1873 à Avignon

L'éducation de la main invisible, la responsabilisation de la raison sociale.

En faisant prévaloir les conséquences sur l'intention, Mill ajoute à la liberté de l'individu smithien le sens de la responsabilité sociale. Il donne à la *main invisible* mais surtout à la *raison sociale* de Smith un contenu nouveau en ajoutant « *La confiance en les capacités des individus de s'améliorer, s'imposer et respecter des conventions sociales propices au bien commun*[136] ». Pour Mill, c'est par l'éducation que s'acquiert cette capacité à s'améliorer, à être responsable des conséquences de ses actions sur la collectivité. Mill promeut alors naturellement le « *potentiel égalitariste de l'éducation pour la liberté*[137] » .

Cette vision dynamique de la liberté pousse Mill à compléter et enrichir les principes de Smith par « *de grandes espérances sur l'avenir de l'humanité*[138] ».

[136] Peter Dietsch, Département de philosophie université de Montréal in *La philosophie politique d'Adam Smith et John Stuart Mill.*

[137] Julie Girard-Lemay, université de Montréal qui ajoute la conception millienne de l'éducation, qui repose sur une vision dynamique de la liberté.

[138] Cité par Josefa D. Ruiz-Resa, « Quand la politique intervient dans l'économie. J. S. Mill et l'Art de la politique sociale » - *Revue d'études benthamiennes.*

Les *grandes espérances* de Mill pour l'humanité le feront qualifier de socialiste, de précurseur de la social-démocratie, ou de libéral-social. Mill est en fait un libéral de son temps, il enrichit le libéralisme en empruntant au saint-simonisme et à Auguste Comte (avec qui il collabore). Il agit comme Sismondi l'avait fait en apportant au libéralisme de Smith les leçons qu'il tirait de l'industrialisation permise par machine à vapeur.

C'est ainsi une nouvelle dynamique que Mill donne au libéralisme, une dynamique qui doit conduire à une société soucieuse d'égalité. Mill s'affirme libéral attentif à une plus juste répartition des richesses. Il affirme les principes libéraux de la propriété, sa libre transmission mais aussi l'illégitimité du droit d'héritage.

La proposition *millienne* pour une société libérale c'est aussi dans la reconnaissance des associations de travailleurs (les syndicats !), le développement des organisations coopératives qui permettent la propriété de l'outil de production par les travailleurs (!). Les coopératives sont pour Mill la réponse libérale qu'il oppose à la collectivisation des moyens de production. L'actualité de Mill, c'est aussi l'affirmation d'institutions démocratiques, l'universalité du vote, l'égalité des sexes et sa foi dans l'éducation de la population.

Cette dynamique que Mill donne à la société libérale s'accorde d'un « plus d'État » auquel il revient de veiller au libre jeu d'une concurrence non préjudiciable au bien commun ; un État qui a l'obligation de protéger les plus faibles et celle de s'attacher à réduire les inégalités. L'État libéral et social de Mill n'en est pas pour autant socialiste. Le dire aujourd'hui sociolibéral n'est-ce pas une appropriation rapide même si l'on trouve de son héritage autant dans des avatars sociodémocrates que... néolibéraux ?

Walter Lippmann
23 septembre 1889 à New York - 14 décembre 1974 à New York

L'information de masse, la désinstruction des masses. Le risque démocratique.

La contribution de Walter Lippmann à la pensée économique libérale est tout entière dans son essai *The good society* publié en 1937. Cette contribution a fait l'objet de peu d'études. La traduction de *The good society - La cité libre* sera en 1938 l'opportunité de réunir à Paris le Colloque Lippmann bien davantage que d'en faire la promotion. Le libéralisme de Lippmann critique le laisser-faire dogmatique (ce que Hayek fera aussi), l'ignorance de la souffrance sociale et affirme un rôle limité à l'État qui doit intervenir comme régulateur dès lors que la mécanique libérale ne fonctionne pas.

Il faut retenir autre chose de Walter Lippmann que son apport à la pensée économique. Le journaliste Lippmann (lauréat du Pulitzer) est un observateur de la chose politique. Lippmann fait le constat de la complexité du monde par le fait de la profusion des informations – les mass media – qui font prévaloir l'interprétation au détriment des faits vrais. De là, le Public fantôme (publié en 1925), ce public qui « *finit par éteindre son poste et se réfugie dans une paisible ignorance* ». C'était là comme une conclusion que Lippmann apportait à son *Public opinion* (publié trois ans auparavant en 1922). De *Public opinion*, on retient la formule de la fabrique du consentement (qui n'apparaît qu'une seule fois dans le livre – ce qui nous renvoie au succès de la *main invisible* !) :

« *La fabrication du consentement est capable de grands raffinements [...]. Le processus par lequel les opinions publiques émergent n'est certainement pas moins complexe qu'il n'y paraît dans ces pages, et les possibilités de manipulation ouvertes à quiconque comprend le processus sont assez claires [...] Une révolution est en cours [...] Sous l'impact de la propagande, pas nécessairement au sens sinistre du mot seul, les anciennes constantes de notre pensée sont devenues des variables. Il n'est plus possible, par exemple, de croire au dogme originel de la démocratie [...] nous nous exposons à l'autotromperie et à des formes de persuasion que nous ne pouvons pas vérifier.* »

Le regard que pose Lippmann sur l'information vient saper la grande espérance de Mill dans le « *potentiel égalitariste de l'éducation pour la liberté* » (Josefa D. Ruiz-Resa, citée) et dans « *La confiance en les capacités des individus de s'améliorer, s'imposer et respecter des conventions sociales propices au bien commun.* » (Peter Dietsch, cité).

Le constat s'impose que, parfois sans *grands raffinements*, l'information a aujourd'hui achevé la révolution que Lippmann pressentait dès 1922 et 1925 : le désengagement du citoyen, conséquence des excès du néolibéralisme, qui vient fragiliser les institutions démocratiques !

Friedrich Hayek

8 mai 1899 à Vienne - 13 mars 1992 à Fribourg-en-Brisgau

Taper dans le Mill !

Se revendiquant de Smith, Hayek critique violemment le libéralisme de Mill. Il l'accuse d'avoir perverti le libéralisme originel par l'apport de la justice sociale et toutes ses *grandes espérances* (cf. supra « 5 - John Stuart Mill : L'éducation de la main invisible, la responsabilisation de la raison sociale. ») !

Avec Hayek, l'école autrichienne, exportée à la London School of Economics puis à l'université de Chicago où il conduira ses travaux, continue d'enfoncer le même clou que celui que Menger avait destiné à Smith l'accusant d'être toujours du côté des faibles. La critique qu'Hayek fait de Mill s'est, certainement, nourrie de l'opposition qu'il manifestait à Beveridge, alors directeur de la LSE, promoteur d'une sécurité sociale « à l'anglaise ». Pour Hayek, les choses sont claires : la justice sociale, c'est le *Cheval de Troie* qui amène le totalitarisme, dont la première étape est celle de l'intervention de l'État dont Mill serait le promoteur.

La pensée de Hayek est bien plus complexe que cette charge contre le libéralisme du XIXe siècle. Pour Hayek, qui a fui le nazisme, il faut tout faire pour empêcher l'avènement des totalitarismes quitte à théoriser une démocratie limitée, la *démarchie*. Ce régime politiquement autoritaire, s'opposant aux grandes espérances de Mill (les libertés syndicales et politiques), ignorant de la question sociale (juste répartition des richesses) mais garantissant les libertés économiques, est pour Hayek la seule barrière possible contre l'avènement du totalitarisme. Pour autant qu'il conçoive ce régime comme temporaire, Hayek ébranle fortement le contrat social qui scelle la démocratie : il « *préfère sacrifier la démocratie temporairement – je le répète, temporairement – que la liberté [...]. Une dictature qui s'impose elle-même des limites peut mener une politique plus libérale qu'une assemblée démocratique sans limites* ».

On trouvera du Lippmann dans le cheminement qui conduit Hayek à ce point. Le côté Walter Lippmann de Friedrich Hayek, c'est l'information de masse qui ne permet plus d'accéder aux bonnes informations, aux informations nécessaires à la compréhension de la marche du monde. Dans le domaine de l'économie, l'entrepreneur prend, par défaut d'information, de mauvaises décisions. Les démocraties sont devenues des démocraties de « marchandage » dans lesquelles tel ou tel pourra, par une propagande servie par la dictature de la majorité, agir contre l'intérêt commun.

Faisons crédit à Hayek d'avoir élaboré une pensée libérale comme un discours de crise visant l'objectif d'opposer un autre modèle à celui des totalitarismes. Ce modèle, qui voulait éviter la *route de la servitude,* a fait emprunter un chemin qui s'est révélé hasardeux et tortueux, jusqu'à se perdre en Amérique latine, permettre les excès thatchériens avant de se traduire dans l'ordolibéralisme de l'Union européenne.

Missionnaire d'un libéralisme qu'il voulait débarrasser de la question sociale, il allait devenir le pèlerin du néolibéralisme politique.

Sources : Philippe Légé, « Critique de la justice sociale selon Hayek », Revue Projet, 2008/2.
Pierre Lantz, « De la main invisible à l'ordre spontané », Cahiers d'économie politique, 1989.
François Denord, « Le prophète, le pèlerin et le missionnaire - La circulation internationale du néolibéralisme et ses acteurs » in Actes de la recherche en sciences sociales, 2002/5).

Léon Bourgeois

20 mai 1851 à Paris - 29 septembre 1925 à Oger

Une lutte de classe !

La pensée de Léon Bourgeois se présente comme l'alpha et l'oméga, comme la réponse la plus aboutie qui a été apportée à la question sociale. Cet aboutissement explique, peut-être, qu'elle a été oubliée ! *La solidarité* qu'il publie en 1886 puis *La politique de prévoyance sociale* en 1914 peuvent être lues comme la touche finale mise aux *grandes espérances* de Mill. Elles peuvent être lues aussi comme la réponse anticipée (mais pas entendue) à la question que posent, en 1937, les participants au Colloque Lippmann. Elles peuvent être lues, enfin, comme une réponse aux revendications ouvrières pour les éloigner de la tentation collectiviste.

Ces réponses que le solidarisme apporte tant aux libéraux qu'aux socialistes ne convainquent ni les premiers, qui ne posaient pas encore la question et ne voyaient dans l'interventionnisme de l'État qu'une atteinte aux libertés, ni les seconds qui, forts des revendications ouvrières, voulaient une réponse plus autoritaire et plus violente.

Bourgeois répète inlassablement que « *l'individu isolé n'existe pas* ». L'individu est en dette, ses créanciers ce sont la société, tous ceux qui l'ont précédé et aussi tous ceux qui viendront. L'individu ne préexiste pas et la société ne lui doit pas tout : voilà l'alpha et l'oméga de Bourgeois à la fois antilibéral et antisocialiste. L'individu est en dette vis-à-vis de la société qui lui doit protection : des institutions démocratiques, la sécurité, l'enseignement, une protection sociale, une juste distribution des richesses. La société *solidariste-bourgeoisienne* ne lui doit rien d'autre que ce que le libéralisme cherchera à retrouver lors du Colloque Lippmann, ni rien d'autre que ce que voulait déjà le socialisme si ce n'est la responsabilité individuelle.

Si *l'individu isolé* n'existe pas, le solidarisme aura été, face aux libéraux et aux socialistes, bien isolé. S'il existe un individu isolé, et oublié, c'est Léon Bourgeois ! Et pourtant, il fut de multiples fois ministre, président de la Chambre des députés puis du Sénat, président du Conseil, et prix Nobel de la paix pour avoir été initiateur de la Société des Nations[139] dont il sera le premier président !

Le solidarisme promu par Léon Bourgeois, c'était l'obligation d'association des individus qui résultait du constat des inégalités auxquelles seule la morale ne pouvait répondre. Le solidarisme, c'est un quasi-contrat qui formalise l'obligation morale «... *de faire comme si les*

---

[139] Il faut ici noter l'étonnante « proximité » de Léon Bourgeois avec Walter Lippmann par le truchement des Quatorze points de Wilson à la rédaction desquels Lippmann travailla et dont le quatorzième, et dernier, annonçait la création de la Société des Nations.

hommes décidaient librement de contracter pour s'accorder sur les principes et les finalités de la vie en collectivité. Les contractants retirent de cet acte des droits et des devoirs, que le solidarisme, au lieu de les opposer, réunit sous le concept du sentiment social. » (Caroline Tixier)

Les débats visant à classer Bourgeois comme libéral-social ou comme socialiste-bourgeois importent peu. Le solidarisme de Léon Bourgeois « *établit, en même temps que la liberté, l'égalité non des conditions, mais du droit entre les hommes* ». Ce solidarisme pouvait être le précurseur d'un monde d'après qui, déjà, revendiquait un système de retraites ouvrières et l'impôt sur le revenu. Le solidarisme, c'était aussi la promotion du mouvement du mutualiste qui, suspecté de favoriser les corporatismes, heurtait et heurte encore, le corporatisme d'État.

Sources : Julien Damon, « La pensée de Léon Bourgeois (1851-1925) » - Informations sociales, 2007/2.
Caroline Tixier, « La théorie du quasi-contrat social chez Léon Bourgeois. De l'État-association au principe de mutualisation ».
Marie-Claude Blais, « Aux origines de la solidarité publique, l'œuvre de Léon Bourgeois » - Revue française des affaires sociales, 2014/1.

John Kenneth Galbraith

15 octobre 1908 à Iona - 29 avril 2006 à Cambridge

L'économiste irritant, le penseur social.

« *Le professeur Galbraith est avant tout un moraliste.* »
En le qualifiant ainsi, Robert Solow[140] participait à tenir
Galbraith à distance du cercle des économistes distingués.
Un autre prix Nobel, Milton Friedman, enfoncera encore
le clou en publiant son *Contre Galbraith.* La controverse
Solow-Galbraith trouve son apogée avec Friedman pour
qui le Galbraith moraliste de Solow est surtout « *l'un des
ennemis les plus efficaces, encore que peut-être inconscient,
tant du capitalisme que de la démocratie* ». Friedman
aurait-il emprunté là à Menger qui adressait, avec les
mots du XIXe siècle, les mêmes reproches à Smith ?

La violence de ces positions affirmées contre Galbraith
est-elle autre chose qu'un débat opposant des méthodes ?
Deux prix Nobel auraient-ils consacré du temps et
une telle énergie par jalousie du succès de librairie des
publications de Galbraith ? Une guerre *d'égonomistes*
aurait-elle alimenté ces échanges confraternels ?

Ce qu'il faut voir surtout dans ces oppositions, c'est que la
question sociale traverse l'histoire de la pensée économique

---

[140] Robert Solow (1924), prix Nobel d'économie en 1987.

sans être vraiment réglée. Elle est l'irritant majeur qui ne fait que conforter des dogmes, libéraux ou socialistes, qui s'affirment immuables et se confortent en s'opposant sur cette question. Et c'est sur cette question que Galbraith interroge la science économique, dont l'évolution et l'enrichissement doivent résulter de la réponse qu'elle apporte aux faits davantage que de s'appliquer à les tordre pour tenter de les comprendre aux lumières des théories figées. La leçon vaut, à l'évidence, pour aider à retrouver aujourd'hui la raison libérale !

Sortir de la régression sociale que le néolibéralisme cache dernière les données consolidées et les moyennes, voilà l'ancrage de la pensée de Galbraith : « *Dans une bonne société, tous les citoyens doivent bénéficier de la liberté, d'un bien-être de base, de l'égalité raciale ou ethnique et avoir la possibilité de gagner leur vie en fonction de leurs efforts.* » (Pour une société meilleure).

La liberté pour chacun et la possibilité de gagner sa vie en fonction des efforts ne se conçoivent pour Galbraith qu'avec la poursuite de la croissance, une croissance débarrassée des excès spéculatifs et avec l'intervention d'un État qui veille à ne pas permettre ses excès et à réduire les inégalités. Rien de bien neuf ? Si, le retour aux origines du libéralisme enrichi, sous la force des faits, du constat de cette *classe inférieure structurelle* nécessaire au fonctionnement du système mais qui subit, chose nouvelle depuis les années 70-80, le chômage de masse et l'austérité salariale.

Galbraith, penseur du Social et économiste irritant, propose de résoudre l'équation d'une croissance créatrice sans passer par l'étape schumpétérienne de la destruction.

Il faut relire Galbraith.

ANNEXES

1. La Société du Mont-Pèlerin

Source : site de la SMP

Statement of Aims

A group of economists, historians, philosophers, and other students of public affairs from Europe and the United States met at Mont Pèlerin, Switzerland, from April 1st to 10th, 1947, to discuss the crisis of our times. This group, being desirous of perpetuating its existence for promoting further intercourse and for inviting the collaboration of other like-minded persons, has agreed upon the following statement of aims.

The central values of civilization are in danger. Over large stretches of the Earth's surface the essential conditions of human dignity and freedom have already disappeared. In others they are under constant menace from the development of current tendencies of policy. The position of the individual and the voluntary group are progressively undermined by extensions of arbitrary power. Even that most precious possession of Western Man, freedom of thought and expression, is threatened by the spread of creeds which, claiming the privilege of tolerance when in the position of a minority, seek only to establish a position of power in which they can suppress and obliterate all views but their own.

The group holds that these developments have been fostered by the growth of a view of history which denies all absolute moral standards and by the growth of theories which question the desirability of the rule of law. It holds further that they have been fostered by a decline of belief in private property and the competitive market; for without the diffused power and initiative associated with these institutions it is difficult to imagine a society in which freedom may be effectively preserved.

Believing that what is essentially an ideological movement must be met by intellectual argument and the reassertion of valid ideals, the group, having made a preliminary exploration of the ground, is of the opinion that further study is desirable inter alia in regard to the following matters:

1. The analysis and exploration of the nature of the present crisis so as to bring home to others its essential moral and economic origins.

2. The redefinition of the functions of the state so as to distinguish more clearly between the totalitarian and the liberal order.

3. Methods of re-establishing the rule of law and of assuring its development in such manner that individuals and groups are not in a position to encroach upon the

freedom of others and private rights are not allowed to become a basis of predatory power.

4. The possibility of establishing minimum standards by means not inimical to initiative and functioning of the market.

5. Methods of combating the misuse of history for the furtherance of creeds hostile to liberty.

6. The problem of the creation of an international order conducive to the safeguarding of peace and liberty and permitting the establishment of harmonious international economic relations.

The group does not aspire to conduct propaganda. It seeks to establish no meticulous and hampering orthodoxy. It aligns itself with no particular party. Its object is solely, by facilitating the exchange of views among minds inspired by certain ideals and broad conceptions held in common, to contribute to the preservation and improvement of the free society.

Mont-Pèlerin (Vaud), Switzerland, April 8, 1947

2. Déclaration de Philadelphie

(Source : site de l'Organisation internationale du travail)

La Conférence générale de l'Organisation internationale du travail, réunie à Philadelphie en sa vingt-sixième session, adopte, ce dixième jour de mai 1944, la présente Déclaration des buts et objectifs de l'Organisation internationale du travail, ainsi que des principes dont devrait s'inspirer la politique de ses Membres.

I. La Conférence affirme à nouveau les principes fondamentaux sur lesquels est fondée l'Organisation, à savoir notamment :

• (a) le travail n'est pas une marchandise ;

• (b) la liberté d'expression et d'association est une condition indispensable d'un progrès soutenu ;

• (c) la pauvreté, où qu'elle existe, constitue un danger pour la prospérité de tous ;

• (d) la lutte contre le besoin doit être menée avec une inlassable énergie au sein de chaque nation et par un effort international continu et concerté dans lequel les représentants des travailleurs et des employeurs, coopérant sur un pied d'égalité avec ceux des gouvernements, participent à de libres discussions et à des décisions de caractère démocratique en vue de promouvoir le bien commun.

II. Convaincue que l'expérience a pleinement démontré le bien-fondé de la déclaration contenue dans la Constitution de l'Organisation internationale du travail, et d'après laquelle une paix durable ne peut être établie que sur la base de la justice sociale, la Conférence affirme que :

• (a) tous les êtres humains, quels que soient leur race, leur croyance ou leur sexe, ont le droit de poursuivre leur progrès matériel et leur développement spirituel dans la liberté et la dignité, dans la sécurité économique et avec des chances égales ;

• (b) la réalisation des conditions permettant d'aboutir à ce résultat doit constituer le but central de toute politique nationale et internationale ;

• (c) tous les programmes d'action et mesures prises sur le plan national et international, notamment dans le domaine économique et financier, doivent être appréciés de ce point de vue et acceptés seulement dans la mesure où ils apparaissent de nature à favoriser, et non à entraver, l'accomplissement de cet objectif fondamental ;

• (d) il incombe à l'Organisation internationale du travail d'examiner et de considérer à la lumière de cet objectif fondamental, dans le domaine international, tous les programmes d'action et mesures d'ordre économique et financier ;

• (e) en s'acquittant des tâches qui lui sont confiées, l'Organisation internationale du travail, après avoir tenu compte de tous les facteurs économiques et financiers pertinents, a qualité pour inclure dans ses décisions et recommandations toutes dispositions qu'elle juge appropriées.

III. La Conférence reconnaît l'obligation solennelle pour l'Organisation internationale du travail de seconder la mise en œuvre, parmi les différentes nations du monde, de programmes propres à réaliser :

• (a) la plénitude de l'emploi et l'élévation des niveaux de vie ;

• (b) l'emploi des travailleurs à des occupations où ils aient la satisfaction de donner toute la mesure de leur habileté et de leurs connaissances et de contribuer le mieux au bien-être commun ;

• (c) pour atteindre ce but, la mise en œuvre, moyennant garanties adéquates pour tous les intéressés, de possibilités de formation et de moyens propres à faciliter les transferts de travailleurs, y compris les migrations de main-d'œuvre et de colons;

• (d) la possibilité pour tous d'une participation équitable aux fruits du progrès en matière de salaires et de gains, de durée du travail et autres conditions de travail, et un salaire minimum vital pour tous ceux qui ont un emploi et ont besoin d'une telle protection;

• (e) la reconnaissance effective du droit de négociation collective et la coopération des employeurs et de la main-d'œuvre pour l'amélioration continue de l'organisation de la production, ainsi que la collaboration des travailleurs et des employeurs à l'élaboration et à l'application de la politique sociale et économique;

• (f) l'extension des mesures de sécurité sociale en vue d'assurer un revenu de base à tous ceux qui ont besoin d'une telle protection ainsi que des soins médicaux complets;

• (g) une protection adéquate de la vie et de la santé des travailleurs dans toutes les occupations;

• (h) la protection de l'enfance et de la maternité;

• (i) un niveau adéquat d'alimentation, de logement et de moyens de récréation et de culture ;

• (j) la garantie de chances égales dans le domaine éducatif et professionnel.

IV. Convaincue qu'une utilisation plus complète et plus large des ressources productives du monde, nécessaire à l'accomplissement des objectifs énumérés dans la présente Déclaration, peut être assurée par une action efficace sur le plan international et national, et notamment par des mesures tendant à promouvoir l'expansion de la production et de la consommation, à éviter des fluctuations économiques graves, à réaliser l'avancement économique et social des régions dont la mise en valeur est peu avancée, à assurer une plus grande stabilité des prix mondiaux des matières premières et denrées, et à promouvoir un commerce international de volume élevé et constant, la Conférence promet l'entière collaboration de l'Organisation internationale du travail avec tous les organismes internationaux auxquels pourra être confiée une part de responsabilité dans cette grande tâche, ainsi que dans l'amélioration de la santé, de l'éducation et du bien-être de tous les peuples.

V. La Conférence affirme que les principes énoncés dans la présente Déclaration sont pleinement applicables à tous les peuples du monde, et que, si, dans les modalités de leur application, il doit être dûment tenu compte du degré de développement social et économique de chaque peuple, leur application progressive aux peuples qui sont encore dépendants aussi bien qu'à ceux qui ont atteint le stade où ils se gouvernent eux-mêmes, intéresse l'ensemble du monde civilisé.

TABLE DES MATIÈRES

DU MÊME AUTEUR

PENSER LE SOCIAL, 5 NOUVELLES LEÇONS. *Avec Hervé Chapron. Éditions du CRAPS. 2021.*

5 LEÇONS POUR PENSER LE SOCIAL AU XXIᵉ SIÈCLE. *Avec Hervé Chapron. Éditions du CRAPS. 2020.*

BIENVENUE EN SYLDAVIE. CHRONIQUE DE LA MODERNISATION D'UN ÉTAT. *Éditions Librinova. 2019.*

ASSURANCE CHÔMAGE. 60 ANS DE GESTION PARITAIRE. *Ouvrage collectif. Éditions TheBookEdition. 2019.*

166 TRIMESTRES ! NOUVELLES LETTRES À LUCILIUS RETRAITÉ JUNIOR. *Éditions du Panthéon. 2017.*

PILOTAGE DE LA PERFORMANCE DANS LES SERVICES PUBLICS. *Livre blanc avec la DFCG, Association des directeurs financiers. 2017.*

REMERCIEMENTS

Mes remerciements s'adressent à Sylvette Monier-Dilhan, Sophie Échardour, Hervé Chapron, Charles-Édouard Monier, Pierre-Maxime Claude et Fabien Brisard. Leur écoute, leurs encouragements, leurs conseils et la relecture de ce qui était une tentative ont permis de la transformer en un essai.

© 2021, Michel Monier
Édition : BoD – Books on Demand,
12/14 rond-point des Champs-Élysées, 75008 Paris
Impression : BoD - Books on Demand,
Norderstedt, Allemagne

Conception et réalisation : Pierre-Maxime Claude (CRAPS)

N°ISBN : 978-2-322397-33-4

Achevé d'imprimer en novembre 2021
par BoD - ALLEMAGNE

Dépôt légal : novembre 2021